부자의 감각

부자의 감각 심리를 알면 돈이 모인다

초판 1쇄 인쇄 2020년 7월 5일
초판 1쇄 발행 2020년 7월 10일

지은이 이천
펴낸이 전형주, 전익균

기 획 조양제, 백현서
실 장 허태훈
편 집 김정
관 리 김영진, 이주용, 이보빈
개 발 박수아
디자인 페이지제로
일러스트 정민영
교 육 민선아
마케팅 팀메이츠

펴낸곳 (주)아미푸드앤미디어, 도서출판 새빛
전 화 (02) 2203-1996, (031) 427-4399 **팩스** (050) 4328-4393
출판문의 및 원고투고 이메일 svedu@daum.net
등록번호 제215-92-61832호 **등록일자** 2010. 7. 12

값 14,500원
ISBN 978-89-92454-90-2 03320

* 도서출판 새빛은 새빛에듀넷, 새빛북스, 에이원북스, 북클래스 브랜드를 운영하고 있습니다.
* (주)아미푸드앤미디어는 북카페 아미유를 운영중에 있습니다.
* 파본은 구입처에서 교환해 드리며, 관련 법령에 따라 환불해 드립니다
  다만, 제품 훼손 시에는 환불이 불가능합니다.

부자의 감각

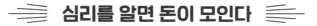

심리를 알면 돈이 모인다

✦ 이천 지음 ✦

도서출판 새빛
AEVIT

차례

돈에 작동하는 심리를 잘 알고
통제하면 통장이 불어난다

1997년 IMF, 2008년 글로벌 금융위기, 아직 어느 정도 파괴력을 가졌는지 예측하기 어려운 코로나바이러스감염증에 따른 경제위기 등 대략 10년마다 주기적으로 경제위기나 금융위기가 우리를 괴롭힙니다. 국내외 많은 전문가들이 2020년 경제위기를 예측했는데 연초만 해도 그런 위기가 실제로 올해 일어날지에 대해서는 반신반의하는 경제주체들이 많았습니다. 과거 경험에 비춰볼 때 실제로 예상되는 경제위기는 정부의 강력한 부양책이나 경제위기를 예상하는 주체들의 적극적인 대응으로 지연되거나 소멸되는 경우가 종종 있어왔습니다. 그런데 예상치도 못한 코로나바이러스감염증이 전 세계로 확산되면서 세계 경제에 전례를 찾아보기 어려운 소비와 공급의 위기가 동시에 발생했습니다. 많은 사람들이 닥쳐올 경제위기를 걱정하고 있는 상황입니다. 이번 전염병이 큰 위기라는 것을 직감한 세계 각국의 정부가 강력한 부양책을 펼치면서 실물경제는 몰라도 금융시장은 지금까지는 안정을 찾고 있는 모습입니다. 지금은 코로나바이러스감염증을 잡는데 온 전력을 기울이고 있기 때문에 아직까지 위기의 실체가 본격적으로 모습을 드러내고 있지는 않지만 코로나바이러스감염증이 진정되면 예상하지 못한 심각한 어려움이 닥칠 수 있겠다는 생각을 지울 수가 없습니다. 이런 걱정이 기우에서 끝나기를 간절히 바랄뿐입니다.

경제위기나 금융위기가 온다고 모든 사람들이 힘들어지는 것은 아니지만 어려워지는 사람들의 숫자는 훨씬 많아질 것입니다. 코로나바이러스감염증이 닥치기 전부터 힘들었던 소상공인들에게는 직격탄이 됐고 알게 모르게 주변에 힘들어하는 사람들이 늘고 있습니다. 하지만 이런 위기를 기회로 삼겠다는 사람들도 많아졌습니다. 외국인과 기관들이 우량주인 삼성전자를 비롯해 종목을 불문하고 연일 주식을 매도해 폭락하던 주식시장이 '동학개미운동'이라고 불리는 개인들의 매수세로 진정되는 모습을 보이고 있습니다. 과거 IMF나 글로벌 금융위기 때 쌓은 학습경험이 이번 폭락장에서 돈을 벌수 있는 기회가 될 거라고 판단한 개인들이 삼성전자나 LG화학 같은 우량주를 포함해 많은 주식을 매수하고 있기 때문입니다. '동학개미운동'이 해피엔딩으로 끝날지 새드엔딩으로 끝날지 지금은 예단할 수 없지만 새로운 변화가 생긴 것은 사실입니다. 개인적인 소망은 해피엔딩으로 이어져 투자에 대한 사고의 전환이 이뤄지기를 바라는 마음입니다. 예금에 넣어서 세후 연 1.5% 이자율도 못 받는 지금 같은 초저금리라면 우량주를 장기 보유해서 받는 배당금이 결코 작아 보이지 않기 때문입니다. 초저금리 시대에 급여 소득이나 사업 소득이 획기적으로 늘어나지 않는 한 자산 중 일부는 어느 정도 위험을 감수하더라도 은행 이자보다 높은 수익을 얻을 수 있는 자본 소득을 추구해야 합니다. 방향은 맞는데 제가 우려하는 것은 그만한 금융지식을 보유하고 있는지 여부입니다.

최근에 국제유가가 큰 폭으로 떨어지면서 생수보다 더 싸진 유가에 투자하면 돈을 벌 수 있겠다고 판단한 사람들이 유가 투자에 몰리고 있습니다. 저 역시 일부 자금으로 유가투자를 시작했지만 많은 분들이 기본적인 투자지식이 없이 유가 투자에 나서고 있어 걱정이 커지고 있습니다. 한 가지 예를 들면 ETF(상장지수펀드)나 ETN(상장지수증권)을 매수·매도할 때는 괴리율이라는 지표를 참고해야 합니다. 괴리율은 ETF나 ETN 의 순자산가치와 실제 거래되는 가격과의 차이를 나타내는 지표입니다. 양수일 때는 실제가치보다 고평가된 상태이고 음수일 때는 실제보다 저평가된 상태입니다. 매수할 때는 음수일 때 유리하고 매도할 때는 양수일 때가 유리합니다. 그런데 요즘 유가 투자자들이 몰리면서 괴리율이 60%를 넘는 ETN이 거래되고 있습니다. 만약에 이런 괴리율 상태에서 순자산가치 100원짜리 ETN을 매수했다면 160원 이상에 산 것과 마찬가지입니다. 만약에 유가가 떨어지면 떨어진 만큼 손해를 보고 ETN 거래가격이 순자산가치로 회귀하는 과정에서 60% 이상의 추가손실을 보게 됩니다. 만약 이런 내용을 알았다면 극도로 위험을 추구하는 투자자가 아니라면 이렇게 괴리율 차이가 큰 ETN을 매수하지는 않을 것입니다. 제가 동학개미운동에 참전한 투자자들을 걱정하는 이유입니다.

재무설계를 업으로 삼은 지 올해로 24년째입니다. 그동안 강의와 상담을 통해 수많은 사람들을 만났습니다. 돈 때문에 고민하고 더 나은 방법을 찾기 위해 저를 찾아왔던 그분들과 상담하고 해결책을 찾아주면서 느낀 점은 '금융지식이 많이 부족하다'는 것과 '돈은 사람의 심리에 달려있다'라는 것입니다. 합리적이고 이성적이고 논리적일 것 같은 사람들이 심리적 오류로 인해 비합리적이고 비이성적이며 비논리적인 행동을 저지릅니다. 거기에 금융지식 부족은 기름을 더 붓기도 합니다. 금융지식을 키우면서 사람의 머리와 마음에 작동하는 심리적 오류에 대해 제대로 알고 대처하면 알게 모르게 저지르고 있는 돈에 대한 잘못된 행동을 바로잡을 수 있을 것이라는 확신이 들었습니다. 그래서 2014년에 '왜 내 월급은 통장을 스쳐가는 걸까?' 라는 책을 냈는데 원하는 방향으로 편집이 되지 않아 많이 아쉬웠던 차에 이번 기회에 그동안의 경험을 더해 제가 의도했던 방향으로 새롭게 출간하게 됐습니다.

이 책에서 제가 드리고 싶은 이야기는 크게 세 가지입니다.

먼저, 금융회사나 소비자에게 물건이나 서비스를 판매하는 회사의 마케팅 부서나 판매인들은 소비자의 심리를 연구해 가장 쉽게, 빨리, 잘 팔 수 있는 전략과 전술을 세워 최대한 단기간에 많이 파는데 열심입니다. 판매인들이 사람의 심리나 행동을 연구해 판매를 최대한 늘리려는 교육을 철저히 지속적으로 받는 데 비해 소비자에게는 이러한 판매인들의 의도나 세일즈 스킬을 방어하는 방법을 제대로 알려주는 책이나 교육이 거의 없습니다. 이 책을 통해 판매인들의 노련한 세일즈 스킬을 제대로 알고 현명하게 대처해 아까운 돈을 낭비하지 않고 합리적으로 소비하면서 효과적으로 저축이나 투자를 하는 방법을 알려드리고 싶습니다.

둘째, 판매인들이 의도적으로 소비자의 심리를 이용하지 않더라도 사람에게 작동하는 생각의 오류 때문에 시도 때도 없이 잘못된 결정을 내려 손해를 반복적으로 보는 소비자가 많습니다. 돈에 작동하는 심리에 대해 제대로 알고 통제하면 잘못된 결정으로 손해를 보는 일이 줄거나 없어지는데 그런 과정에 도움을 드리고 싶습니다.

마지막으로, 많은 사람들이 치열하게 살다보니 재테크에 대해 소홀해졌고 금융지식이 상당히 후퇴했습니다. 금리는 초저금리고 소득은 빨리 올라가지 않고, 쓸 돈은 늘면 늘었지 줄어들지 않고 있습니다. 여전히 안전한 상품만을 고집하는 사람들도 이제는 합리적이면서 능동적으로 자산을 모으고 불리는 방법에 대해 적극적으로 고민해야 할 때입니다. 그런데 그동안의 무관심의 결과로 금융지식이 많이 부족합니다. 이는 안전하다고 은행의 예·적금만 이용한 대가입니다. 게다가 요즘 금융상품은 위험은 커진 반면에 수익은 별로 나지 않아 까딱 실수하면 작은 수익을 올리려다 큰 손해를 보는 경향이 있습니다. 옥석을 고를 수 있는 지혜가 더 크게 요구되는 시대인데 지금 당장 현상을 개선하고 싶어도 어떻게 해야 할지 방법을 몰라 망설이는 상태로는 자산을 효과적으로 모으고 불릴 수 없습니다. 실천해야겠다고 생각하지만 방법을 제대로 모르는 사람들에게는 올바른 금융지식을, 실천을 망설이는 사람들에게는 실천의 당위성을 알려드리고 싶습니다. 금융상품에 대한 단순한 구조의 이야기가 아니라 자신에게 적합한 금융상품을 찾는 방법이나 금융상품을 활용하는 실천 방법에 대해 지난 24년 동안 현장에서 얻은 경험으로 쌓은 실전 지식을 독자 분들과 공유하고자 하는 바람입니다.

이 책은 저를 만난 고객 분들이 상담을 통해 긍정적인 변화를 만들어낸 이야기를 사례로 구성돼 있습니다. 이 책을 읽고 올바른 금융지식을 쌓아 사람의 취약한 심리를 이용해 소비자를 골탕 먹이는 판매인만을 위한 세일즈 스킬에 넘어가 소중한 돈을 잃는 우를 절대 범하지 마시기 바랍니다. 100세 시대를 맞아 젊을 때 힘들게 번 돈을 잘 모으고 불려 편안한 노후를 맞이하시기를 간절히 바랍니다.

이 책이 나올 수 있도록 귀중한 경험과 지혜를 나눠 주시고 늘 응원해주시는 저의 고객 분들과 저자의 의도를 이해해 출간을 결심해주신 도서출판 새빛의 전익균 대표님께 감사

말씀 전합니다.

이 책을 읽으시는 모든 독자 분들이 현명한 소비자이자 금융 이용자가 되시기를 소망합니다.

2020년 봄을 보내며
이 천

1

깔맞춤하다가는 통장이 텅장된다

닻 내리기 효과

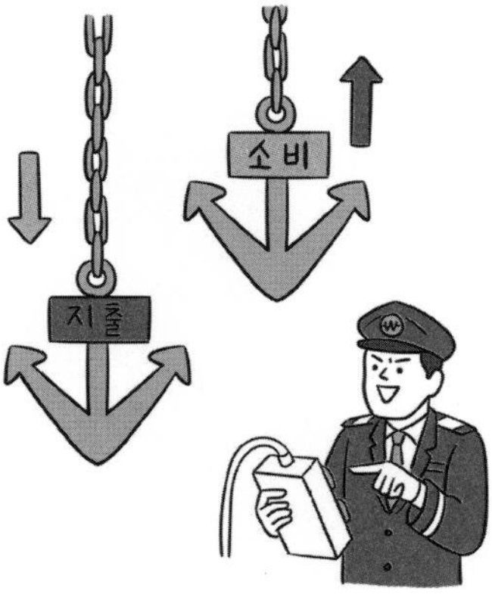

지출의 닻은 낮추고
저축의 닻은 높여라

ww w

박미소씨가 남들이 부러워하는 대기업에 취직한 지 일 년
이 지났다. 취업 일주년이었던 두 달 전 퇴근 후에 일부러 시
간을 내 조용한 카페에 앉아 지난 일 년을 돌아보는 시간을
가졌다. 첫 출근하던 날은 세상을 다 얻은 것 같이 행복했다.
지금이라면 별 일 아닌 업무를 빨리 처리하지 못하고 허둥대
다 상사에게 크게 혼났던 기억이 나기도 했다. 부모님께 받는
용돈이 아니라 스스로 일을 해서 처음 벌어본 월급이 입금된
통장을 만져보면서 얼마나 뿌듯했든지.

이런저런 여러 가지 상념에 젖어 있다 일 년 동안 돈을 별

로 모으지 못했다는 생각에 미치자 얼굴이 살짝 찌푸려졌다. 학교 다닐 때는 취업 준비한다고 스펙을 쌓다보니 남들 다하는 아르바이트는 생각조차 하지 못하며 부모님께 용돈을 받아썼다. 그러나 부모님께 매월 타 쓰는 용돈은 늘 부족했다. 용돈 받은 지 얼마 지나지 않으면 통장의 잔고는 늘 아슬아슬했으며, 다음 용돈을 타기까지 여러 날들을 돈 때문에 아등바등하기 일쑤였다. 용돈 받을 때 조금 풍족했다가 열흘 정도 지나면 돈이 아쉬워 쩔쩔매는 패턴의 반복이었다. 아버지 퇴직도 얼마 남지 않았고 부유하지 않은 환경에서 언니와 미소씨의 대학 학비와 용돈을 부담하느라 힘들어 하시는 부모님을 보면서 차마 용돈을 더 달라고 할 수 없었다. 대학을 졸업하고 직장에 취업할 때 까지 꽤 긴 시간동안 소유와 욕망에 대한 욕구불만과 현실 사이에 벌어지는 갈등에 시달렸다.

그러다가 두툼한 월급을 받으니 신이 났다. 지난 일 년 동안 저축은 얼마 하지 않고 입고 먹고 마시고 노는데 돈을 대부분 썼다. 그동안 잘 키워주신 데 대한 감사의 마음으로 부모님께 매월 용돈을 드리고 명절이나 생신 때도 돈을 아끼지 않았다. 그렇게 일 년 가까이 부담 없이 마음껏 돈을 쓰면서 놀다보니 이제 슬슬 걱정이 됐다. 결혼할 때 부모님 도움 받기는 어려운 상황이니 결혼준비는 스스로 해야 할 것 같고. 그래서 입사 일주년 '메모리얼 데이' 이후에 처음 받은 월급부터 눈 딱 감고 바로 월 100만 원씩 1년 만기로 적금에 가입했다. 문제는 한 번 밖에 넣지 않았는데 벌써 숨이 차다는 것이다.

재무전문가가 보는 미소씨의 현재 모습

미소씨는 국민연금을 포함한 4대 보험과 세금 등 공제 항목을 다 떼고 나면 실 수령액으로 매월 평균 290만 원의 월급을 받는다. 월 100만 원이면 대략 월급의 1/3만 저축을 하는 건데 왜 이렇게 돈이 늘 부족할까? 미소씨는 이 상황을 이해하지 못했다. 용돈으로 월 60만 원을 받던 대학생이라면 돈이 부족한 게 당연하지만 그때보다 몇 배의 월급을 받는데 쓸 돈이 없고 부족하기는 대학 때와 변한 게 없다. 학생 때보다 조금 더 비싼 옷을 입고 좀 더 맛난 음식을 먹는 것 말고는 지출이 특별하지 않다고 이야기 한다.

하지만 재무전문가 관점에서는 그게 다가 아니다. 에너지가 넘쳐 친구들과 놀기 좋아하는 그녀의 성향과 먼 집이라는 악재가 그녀의 통장을 멍들게 만들었다. 그로 인해 나쁜 소비지출습관이 그녀의 몸에 찰싹 달라붙었다. 그런 나쁜 습관 중에서도 퇴근 후나 주말에 직장 동료와 친구와 신나게 놀다가 집에 갈 때 이용하는 대중교통수단이 가장 큰 문제였다. 요정의 도움을 받은 신데렐라의 말과 마차가 12시 땡하는 시계소리에 마법이 풀려 말이 생쥐로, 마차가 호박으로 변하듯이 그녀에게도 12시는 지갑의 운명이 바뀌는 시간이다. 12시 이전에 시내에서 집으로 출발하면 3,000원 정도의 버스비로 충분하지만 12시 땡하는 시계 소리와 동시에 심야에 할증까지 붙어 경기 외곽인 그녀의 집까지 택시비가 40,000원 가까이 나온다. 어쩌다 한 번이면 문제랄 것도 없겠지만 한 달에 열 번 가까이 이런 일이 생긴다. 스스로도 조금 문제가 있다고 생각했지만 친구들과 맛난 음식 먹으며 재미있게 수다를 떨고 때로는 클럽에 가서 술이라도 곁들여 몸을 들썩이다 보면 이런 즐거운 자리를 훌훌 털고 일어나는 게 아직 젊어서 그런지 어렵다.

좀 더 자세히 들여다보면 대중교통비만 문제가 아니다. 직장 동료나 친구와 어울리면서 지출하는 음식비나 한 달에 한 번 꼴로 관람하는 뮤지컬 같은 문화생활비까지 포함돼 있다. '가랑비에 옷 젖는 줄 모른다'고 하루하루 지출을 더하다보면 한 달 동안 사용한 돈은 어림잡아 계산해본 것보다 훨씬 많다. 이런 현상은 미소씨와 다소간의 차이는 있겠지만 직장 초년병에게 많이 발견되는 모습이다. 24년 동안 재무 상담을 하면서 직장 초년병 시절에 습관이 잘 못 들어 두고두고 고생하는 내담자를 숱하게 봐왔다.

지출의 닻은 낮추고 저축의 닻은 높여라

코로나바이러스감염증이 확산되는 가운데 친구와 술을 마시다가 뉴스에서 모리셔스가 우리나라 국민의 입국을 금지했다는 뉴스를 접했다. 생전 처음 들어보는 나라라서 친구에게 모리셔스라는 나라에 대해 아냐고 물었다. 세 명이서 술을 마시고 있었는데 다들 이 나라에 대해 들어본 적이 없다고 했다. 친구들 몰래 살짝 네이버를 검색했더니 모리셔스에 대한 정보가 있었다. 이 책의 원고 작업을 한창 하던 중이어서 '닻 내리기 효과'에 대해 실험해 보려고 친구에게 모리셔스의 인구가 얼마나 되는지 물었다. 다들 갸우뚱할 뿐이었다. "이 나라 인구가 50만 명이 넘을까?"라고 다시 한 번 질문을 던졌다. 그때서야 한 친구가 그렇게 많을 리는 없고 20만 명은 될 거라고 답했다. 또 한 친구는 그래도 나라인데 80만 명은 되지 않겠냐고 말했다. 네이버에 등재돼 있는 정보로는 모리셔스의 실제 인구는 127만1,768명이다. 나는 친구들에게 50만 명이라는 닻을 던졌고 친구들은 그 초기 입력 값이 정신적인 닻으로 작용해 20만 명, 80만 명이라는 답을 한 거다. 아무런 정보가 없는 내용이라도 초기 입력 값이 주어지면 그 입력 값에 근거해 이런 추론을 하게 된다. 그만큼 우리 뇌는 처음 주어진 정보가 정확하든 정확하지 않든 초기에 입력된 정보에 끌려 다니기 때문에 처음에 접하는 정보가 아주 중요하다.

사람들이 어떤 값을 추정할 때 초기 값을 근거해서 판단을 내리는 것을 '닻 내리기 효과'라고 한다. 닻을 내린 곳에 배가 머물 듯이 처음 입력된 정보가 정신적 닻으로 작용해 전체적인 판단에 영향을 미치는 현상이다.

이런 닻 내리기 효과를 소비지출에 적용해도 효과가 크다. 예를 들어 A와 B가 똑같이 300만 원의 월급을 받는데 초기에 100만 원을 지출 하는 A와 200만 원을 지출하는 B는 지출에 대한 정신적 닻의 위치가 다르다. 평소 100만 원을 쓴 A가 150만 원을 쓰게 되면 많이 썼다고 생각해 그 다음 달에는 지출을 줄이려는 노력을 하겠지만 200만 원을 쓰던 B는 A와 같은 150만 원을 쓰더라도 적게 쓴 것 같아 지출을 줄이려는 노력을 덜 하거나 아예 하지 않는다.

미소씨도 마찬가지다. 일 년 동안 무분별한 소비지출에 젖어 있었기 때문에 지출의 각 항목에 대한 '정신적 닻'이 이미 내려져 있다. 이런 상태에서 소비지출 습관을 근본적으로 바꾸려면 정말 큰 결단과 각고의 노력이 필요하다. 근본적으로 생활습관 자체를 바꿔야 할 정도의 대수술이 필요하다. 한 달에 열 번 가까이 타던 택시를 아예 타지 않으면 좋겠지만 12시가 지나면 다른 교통수단이 딱히 없기 때문에 그런 목표는 현실적으로 지키기 어렵다. 무리하게 목표를 세웠다가 한두 번 실패하면 자신감도 떨어지고 '이러고 살아야 하나'라는 자괴감이 들어 아예 다 포기하고 원점으로 돌아갈 수 있다. 대신 타지 않는 것을 원칙으로 하되 한 달에 2~3회 정도 불가피할 때만 택시를 이용하겠다는 생각으로 바꾸면 긍정적인 결과를 만들어 낼 수 있다. 다른 지출 항목들 역시 마찬가지다. 지금 당장 세세하게 지출 내역을 살펴서 문제점을 파악한 후에 전격적으로 지출 습관에 변화를 주자. 그렇지 않으면 지금의 불만족스러운 상태에서 벗어나기 어렵다. 다시 한 번 신입사원이라는 마음가짐으로 소비지출의 정신적인 닻을 내려야한다.

저축도 소비지출과 마찬가지다. A와 B가 똑같이 300만 원의 월급을 받는데 A는 처음부터 200만 원을 저축하는데 B는

100만 원만 저축한다면 지출과 마찬가지로 저축에 대한 '정신적 닻'의 위치가 크게 다르다. 처음부터 200만 원을 저축한 A는 저축금액을 150만 원으로 줄이면 저축이 많이 줄었다고 생각하고 긴장하지만 100만 원 저축하던 B는 A와 같은 150만 원으로 저축을 올리면 그 자체만으로도 상당히 만족스럽다. 저축을 더 늘릴 수 있지만 더 늘리려는 의지가 없고 노력도 하지 않는다. 이런 '정신적 닻'은 수입이 늘어날 때도 똑같이 적용된다. 수입이 늘면 그에 비례해서 저축을 늘리는 게 아니라 대부분 월급이 인상되면 쓸 것부터 궁리하게 된다. 월급을 처음 받거나 지금 당장 개선이 필요하다고 생각하면 강제적으로라도 지출 눈높이는 낮추고 저축 눈높이는 높이는 '정신적 닻'을 먼저 내리자. 소비지출 액수와 저축 액수는 상호 반비례 관계이므로 소비지출을 늘리면 저축이 줄고 소비지출을 줄이면 자동적으로 저축은 늘게 돼 있다.

양복 사러 갔으면 넥타이 말고 양복만 사라

18세기 프랑스 사상가인 디드로가 "나의 오래된 가운을 버림으로 인한 후회"라는 에세이에서 친구로부터 우아하고 멋진 붉은 색 가운을 선물 받았다. 처음에는 그 붉은 가운에 어울리게 책상을 바꿨다. 그 다음에는 벽걸이를 비롯해서 서재 안 모든 가구와 인테리어를 바꾼 일화를 소개함으로써 하나의 물건을 갖게 되면 그것에 어울리는 다른 물건을 계속해서 사게 되는 현상을 '디드로 효과'라고 부른다. 제품 간 조화를 추구하는 사람의 욕구가 소비에 소비를 불러 충동구매로 이어지는 현상을 설명한다.

올 봄에 대리로 승진한 오지훈 대리는 아내가 승진 기념으로 양복을 사주겠다고 해서 아내와 함께 백화점에 쇼핑하러 갔다. 5층 신사정장 매장에서 마음에 딱 드는 네이비 계통의 양복을 골랐다. 양복 값을 결제하는데 매장 판매원이 양복과 매칭이 잘되는 개나리꽃 컬러의 세련된 넥타이를 매면 잘 어울리겠다면서 추가로 권했다. 양복 값으로 60만 원을 결제했는데 넥타이는 양복을 샀으니 원가인 3만 원에 가져가라고 한다. 내친 김에 5만 원 정도 하는 블루 빛깔의 와이셔츠까지 같이 구매했다. 양복만 사러갔는데 주차장으로 가는 손에 들린 쇼핑백에는 양복과 잘 어울리는 와이셔츠와 넥타이를 담은 예쁜 봉투까지 함께 담겨 있었다.

오대리는 자신도 모르는 사이에 충동구매를 일으키는 '디드로 효과'를 이용한 판매자의 노련한 판매화술에 현혹돼 백화점가서 양복을 고를 때까지 생각에도 없었던 넥타이와 와이셔츠까지 함께 산 것이다. 당장은 세트로 깔맞춤을 했으니 집에 가는 발걸음은 경쾌했을 것이다. 대리 진급 첫날 출근은 승진의 기쁨과 새 양복 착용이 화학반응을 일으켜 능력자의 향기를 찐하게 뿜어냈을 것이다. 같은 팀 동료들의 승진 축하인사에 더해 "대리님 멋지세요!"라는 칭찬에 하늘을 날아갈 것 같지만 다음 날부터는 아무도 관심이 없다. 그 날로 끝이다. 경험적으로 보면 소비의 기쁨은 그리 오래 가지 않는다. 빠르면 물건을 고른 후 결제를 마치고 매장을 나서면서부터 흥분이 가라앉기 시작하는데 다음 달 결제해야 하는 카드 청구서를 받을 때면 이미 그 기쁨은 소멸되고 결제대금 상환의 고통마저 느끼게 된다. 백화점에서는 매장 판매원에게 '디드로 효과'는 물론이고 소비자의 심리를 잘 이용해 매출을 최대한 올릴 수 있는 판매기술이나 화법을 몸이나 입에 완전히 베게 해 언제 어느 상황이든 자동적으로 나올 수 있게 반복해서 교육시켰을 것이다. '판매기술이나 화법'을 들어본 적도 없는 순진한 오대리 같은 소비자는 판매원의 치밀한 판매의 덫에 걸려 애초 예산보다 더 많은 돈을 잠깐의 기쁨을 위해 지출한 후 시간이 흐를수록 후회하거나 고통마저 느끼게 된다.

예전에 역삼동에서 근무할 때 '가시오가피' 국수전골을 파는 음식점을 자주 이용했다. 국수전골을 주문하면 종업원 입에서 자동적으로 "만두 사리 추가할까요?"라는 질문이 나왔다. 물론 만두사리를 추가로 주문하는 날이 추가하지 않았던 날보다 더 많았다. 그 때는 몰랐지만 '디드로 효과'를 비롯해 심리학이나 행동경제학에 많은 관심을 가지면서 그 음식점 주인은 소비자 심리를 이용해 장사를 정말 잘하는 사람이었다는 것을 나중에 알게 됐다. 독자 분들도 음식점에 갔을 때 주문 받는 종업원이 이런 마법의 주문을 외우는지 유심히 살펴보면 맛난 음식에 더해 관찰의 재미까지도 경험할 수 있다. 이 내용을 제대로 이해했다면 앞으로 음식점에 갈 때 그 '마법의 주문'이 더 잘 들리고 주문하기 전에 추가 주문이 꼭 필요한 건지 한 번 더 생각하게 될 거다.

그러면 오대리가 '디드로 효과'를 이용하는 판매원으로부터 자신의 지갑을 잘 지키려면 어떻게 해야 할까?

첫째, 양복을 사러 갔으면 다른 소품에는 눈길 돌리지 말고 양복만 사라. 그래야만 하는 두 가지 이유가 있다. 그 순간 기분에 휩쓸려 불필요한 넥타이나 와이셔츠를 사지 않는 게 첫 번째 이유다. 두 번째는 가격에 대한 착시를 막기 위해서다. 60만 원짜리 양복을 살 때 3만 원의 넥타이나 5만 원의 와이셔츠는 상당히 저렴해 보인다. 이런 가격에 대한 착시현상이 넥타이나 와이셔츠 가격을 필요 이상으로 싸게 느끼게 해 그 소품들을 쉽게 구매하게 만든다. 사실 이마트나 롯데마트 같은 대형의류매장에 소품을 사러 갈 때 넥타이가 3만 원이고 와이셔츠가 5만 원이라면 비싸게 느껴져 가격을 흥정해 원하는 가격으로 깎거나 더 저렴한 소품을 고른다. 가격이 정 받아들이기 어려우면 다음에 사기로 마음먹는 것만으로도 돈을 아낄 수 있다.

둘째, 가구나 옷을 구입할 할 때 '어울리는' 이라는 형용사를 경계해야 한다. 집 소파를 바꿀 때는 소파만 보지 말고 집 안 전체 가구와의 조화를 생각해서 선택해야 한다. 이태리 가죽 소파에 북유럽 목재 가구 배치는 인테리어에 대한 감각이 별로 없는 내가 상상해도 잘 어울리지 않는다. 결국 매장에서 마음에 들었던 소파를 집에다 가져다 놓는 순간 다른 가구와 어울리지 않아 계속 후회한다. 아니면 '디드로'처럼 우아한 가운 하나 선물 받았다가 많은 돈을 들여 서재의 모든 것을 바꾸는 것처럼 다른 가구까지 바꾸는 어리석은 행동으로 이어질 수 있다. '디드로'는 부자였는지 모르겠지만 우리는 아까운 돈을 단지 아름다운 조화만을 위해 함부로 낭비할 수 없다. 그렇게 행동하면 그 후엔 돈 때문에 고민하고 돈 때문에 고통스러워진다.

2

WWWWWWWWWWWWWWWWWWWWWWWWWWWWWWW

당장은 달콤해도
나중에 이가 썩는다!

WWWWWWWWWWWWWWWWWWWWWWWWWWWWWWW

마시멜로 실험

할부 차 살 바에
택시를 타고 다녀라

w w w

강연을 하거나 여성 내담자와 상담할 때 '명품백' 이야기를 자주 한다. 여성의 소비지출 항목을 이야기할 때 절대 빼놓을 수 없는 지출이기 때문이다.

"제가 그동안 많은 여성과 상담을 했는데, 여성의 소비지출 항목에 경계해야 할 '지름신' F4가 있습니다. 오래전에 방영했던 드라마 '꽃보다 남자'에 출연한 재벌 2세 '준표'역의 이민호를 포함한 '꽃미남' F4가 아니라 '지름신' F4입니다. 소비지출 항목 중에 '지름신' F4는 무엇일까요?"

"옷, 화장품, 맛집, 스마트폰, 택시…."

"이런 지출들도 통제하지 못하면 문제가 되지만, 제가 정한 여성 '지름신' F4는 옷, 화장품, 구두, 백을 말합니다. 여러분이 이 '지름신' F4 모두에 꽂히면 통장이 텅장이 되는데, 설상가상으로 명품까지 좋아하면 '마이너스 통장'이 필수품이 됩니다. 그렇지 않나요?"

"호호호…."

이렇게 이야기를 풀어나가면 모두들 그 자리에서는 깔깔 웃는다. 비유도 재미있고 사실 여성들이 늘 줄이겠다고 마음 먹지만 통제가 잘 안 되는 지출이기 때문이다. 물론 명품 좋아한다고 마이너스 통장이 필수품이 되지는 않겠지만 그만큼 저축 통장이 가벼워지는 것은 사실이다.

상담이나 강연에서 나는 여성들에게 '명품백'을 사라고 한다. 내 입에서 나오지 않을 것 같은 이런 이야기가 나오면 모두 의아한 표정으로 쳐다보지만 전혀 개의치 않는다. 단, 카드 일시불로 긁거나 할부로 사지 말고 돈을 모아서 사라고 한다. 샤넬 백이 400만 원이라면 그 백을 사기 위해 한 달에 40만 원씩 저축을 해도 10개월이 걸리고 20만 원씩 저축하면 20개월이 걸린다. 명품백 하나 사기 위해 지출을 줄여 10개월~20

개월이나 저축하는 것은 말처럼 쉽지 않은 고난의 행군이다. 고생고생 끝에 백을 살 돈을 모았다고 해보자. 피땀 흘려 모은 돈으로 처음에 점찍어 놓았던 그 백을 덜컥 사기란 생각처럼 쉽지 않다. 사지 않으면 최선이고 처음 생각했던 것보다 조금 저렴한 백을 사면 차선이다. 정말 샤넬 백에 대한 열망이 크다면 사도 그만이다. 사고 나서 갚아야 할 돈이 없기 때문에 마음 편히 들고 다니면서 남들에게 마음껏 자랑해도 좋다. 명품백을 사기 위해 돈을 모으는 과정은 사람들에게 많이 알려진 마시멜로 실험을 통해 입증된 만족지연을 할 수 있는 인내심을 자신도 모르게 기른 시간이다.

마시멜로 실험은 통제력이 약한 네 살짜리 아이들이 정해진 시간 안에 달콤한 마시멜로 사탕의 유혹에 어떻게 반응하는지를 관찰 분류해 아이들이 청소년기와 성인기를 거치면서 어떻게 성장했는지를 추적 관찰한 실험이다. 달콤한 마시멜로의 유혹을 잘 참은 아이는 잘 참지 못한 아이들보다 가정이나 학교에서 훨씬 우수했다. 성인이 되어서도 유혹을 잘 참은 아이들은 성공한 삶을 살고 있었던데 반해 잘 참지 못한 아이들은 비만, 약물중독, 사회 부적응 등의 문제를 안고 살아가고 있었다. '마시멜로 실험'은 어릴 때 참기 힘든 유혹 앞에서 만족을 지연시킬 수 있는 인내심을 기르는 게 얼마나 중요한 지를 보여준다.

'지름신' F4를 향한 충동적인 소비욕구는 이런 종류의 소비지출에 대한 면역력이 길러지지 않은 상태에서 무조건 억제만 한다고 해결되지 않는다. 잠깐은 잘 참을 수 있지만 어느 순간 인내심이 바닥나 자제심이 무너지면 더 이상 저항하지 못하고 소비의 유혹 앞에 무릎을 꿇게 된다. 그때 생기는 자괴감은 비싼 물건을 사느라 돈을 쓴 것보다 더 큰 문제를 일으킨다. 다이어트를 하다가 실패하면 '요요현상'이 생겨 대책 없이 살이 찌듯이 이렇게 생긴 자괴감은 그동안 잘해오던 지출관리 습관을 쓰나미처럼 한 번에 무너트린다.

'마시멜로 실험'에서 달콤한 사탕의 유혹을 잘 참은 아이들에게 인내심에 대한 보상차원에서 사탕 한 개를 더 주듯이 당장 명품백을 지르고 싶은 유혹을 견디면서 모은 돈에 대해서는 앞에서 언급했듯이 사지 않거나 조금 저렴한 백을 사면 더 좋겠지만 보상차원에서 명품백을 사도된다. 돈을 모으는 과정에서 소비욕구에 대한 강한 면역력이 길러지고 성공의 기쁨을 맛본 것만으로도 큰 효과가 있다. 자신감이 올라가고 앞으로 어떤 소비유혹이 마음을 흔들더라도 이런 과정을 통해 길러진 강한 면역력은 소비 충동 앞에서 더 이상 나를 흔들지 못한다. 게다가 사고 싶은 것을 돈을 모아서 산 경험은 고스란히 저축에 대한 자신감으로 이어진다. 이런 경험을 통해 좋은 소비지출 습관과 저축의 기쁨이라는 두 마리 토끼를 한 번에 잡을 수 있다.

저축을 잘못하는 사람들의 특징 중에 하나는 만기의 기쁨을 모르는 것이다. 주변을 둘러보면 저축을 하지 않거나 못하는 사람들이 많다. 빚이 많아 저축이라고는 아예 한 번도 안 해봤거나, 적금을 붓다가 만기까지 못가고 중도에 번번이 포기한 사람들이다. 일 년 만기 적금을 불입하다보면 매월 정해진 금액을 불입하는 것이 수월할 때가 있지만 그 달만은 정말 불입하기 힘든 위기의 순간도 있다. 저축이 중단될 수 있는 그 어려운 순간을 잘 극복해 만기에 목돈을 받게 되면 아무리 이자가 적게 붙었다고 해도 상당히 뿌듯하다. 그 다음에 또 어려운 순간이 오더라도 만기 목돈이 주는 뿌듯함을 알기 때문에 적금을 또 시작할 수 있다. 마시멜로의 유혹을 잘 참은 아이들이 청소년기나 성인기를 거치면서 그렇지 못한 아이들에 비해 성공적인 인생을 살 듯이 적금 만기를 채워본 경험이 있는 사람들은 그렇지 못한 사람들에 비해 돈 때문에 쩔쩔매지 않으면서 부자가 될 확률이 높다.

폼생하면 폼 때문에 죽는다

여성보다는 남성이 차에 대한 욕구가 크다. 소형차보다는 중대형차를 폼 나게 몰고 다니고 싶어 한다. 그 욕구를 가만히 들여다보면 아무래도 자기만의 공간이라는 이유가 가장 커 보인다. 직장에서는 고위급 임원은 돼야 자기만의 공간을 확보할 수 있는 데 젊은 남성에게는 머나먼 미래의 일이다. 집에서도 여러 가지 이유로 자신만의 공간을 주장하기는 힘들테니 차에 대한 욕구와 애착이 클 수밖에 없다고 생각된다.

30대 중반의 신혼부부 고은석씨도 말로 표현을 하지는 않았지만 속마음은 거의 비슷해보였다. 재무목표를 묻는 질문에 1년 후에 대략 7,000만 원 정도 되는 외제차를 사겠다고 답했다. 부부 연봉을 합해 9,000만 원 정도 되니 그 정도는 충분히 감당할 수 있을 거라 했다. 일단 목표는 적어 놓고 자산과 부채 그리고 현금흐름 파악에 들어갔다. 신혼 초라 모아둔 돈도 거의 없었고 집을 사느라 대출까지 잔뜩 받은 상황이라 여유가 없었다. 지금은 은석씨가 원하는 수준의 차가 아니라 차를 사는 것 자체가 한눈에 봐도 무리였다. 과거와는 달리 요즘 신혼부부는 나이가 있다 보니 연봉도 과거의 신혼부부보다 높은 편이지만 그만큼 씀씀이도 크다. 예전에는 상담 중에 차 구입에 대한 이야기가 나오면 아반떼나 소나타 급의 차를 사겠다는 사람들이 많았다. 하지만 요즘은 외제차나 팰리세이드 같은 중형 SUV를 사고 싶다는 이야기를 종종 듣는다. 차 구입 가격이 적게는 4~5,000만 원에서 많게는 7~8,000만 원까지 훌쩍 뛰었다. 은석씨 부부도 마찬가지였다. 은석씨는 목돈으로 차를 사려는 게 아니라 3년 할부로 차를 사겠다는 생각이다. 당장은 큰돈이 들어가지 않지만 3년 동안 할부원리금으로 내는 금액이 만만치 않다.

솔루션 상담 때 은석씨 부부에게 선수금과 매월의 할부원리금을 표로 만들어 보여줬다. 이 표를 보고도 차를 사겠다면 거기부터는 내가 관여할 부분이 아니다. 앞으로 부부가 할부원리금을 내느라 허리가 휜든 할부원리금 때문에 저축을 못하든 그것은 부부의 몫이다. 다행히 이 표를 보고 당장 차를 구입하려던 마음을 접고 나중에 차를 살 때의 기대 수준도 낮췄다. 아이가 생길 때까지 선수금을 가능하면 많이 모으면서 지금의 만족을 지연하기로 했다. 이 결심으로 인해 부부의 재무상황은 점차 개선되고 훗날 만족 지연에 대한 보상을 충분히 받게 될 것이다.

선수금	36개월 할부원리금(연 3.5% 기준)
1,000만 원	205만 원
2,000만 원	147만 원
3,000만 원	117만 원
4,000만 원	88만 원
5,000만 원	59만 원
6,000만 원	29만 원
7,000만 원	0만 원

업무상 혹은 출, 퇴근할 때 대중교통 환경이 좋지 않아 꼭 차가 필요한 사람들이 있다. 아기가 있으면 짐이 많고 아이가 아픈 응급 상황에서 택시를 잡는 게 어려울 수 있다. 이렇게 차 보유가 필요한 상황이면 분수에 맞는 차를 사서 잘 타고 다니면 된다. 하지만 차가 있어도 매일 차를 끌고 다니기 보다는 평소에는 대중교통을 이용하고 주말이나 휴일에만 차를 이용하는 경우가 많다. 게다가 요즘은 공유경제 대중화로 쏘카 같은 공유차를 필요할 때 합리적인 비용으로 편리하게 이용할 수 있는 시대다. 과연 이런 상황에서도 습관적으로 차를 사서 보유하는 게 현명할 지는 한 번 따져봐야 한다. 한참 자산을 모아야 할 시기에 남들 다 사니까 아니면 폼 나게 살고 싶어 값비싼 차를 할부로 구입해 매달 그 할부원리금을 내느라 전전긍긍하면서 살아야 할까? 할부원리금만큼 저축을 못해 늘 돈 때문에 고민하는 인생으로 살기보다는 돈을 모을

부자의 감각

수 있을 때 차곡차곡 자산을 쌓아 빨리 경제적 자유를 얻는 게 더 중요하지 않을까? 선택은 각자의 몫이겠지만 당장 달콤한 사탕을 먹어 이가 썩기보다는 재무적으로 안정될 때까지 욕망을 지연하는 게 재무상담 24년차 경험으로 볼 때 더 풍족한 미래를 앞당기는 지름길이다.

내 돈의 흐름을 강제로 구속해라

달콤한 마시멜로의 치명적인 유혹에 패배해 시간과 돈을 낭비하지 않으려면 어떻게 해야 할까? 욕망에 맞서 지지 않는 시스템을 만들면 된다. '소비가 미덕'이라는 말은 국가나 기업에서 하는 이야기고 개인에게는 '절제가 미덕'이다. 가는 곳마다 돈을 쓰라고 유혹하는 세상에서 무조건 인내심을 발휘하기란 말처럼 쉽지 않다. 절제가 처음부터 잘 안 되는 사람도 있고 잘 하다가 중간에 무릎 꿇는 사람도 있다. 개인의 절제심에만 의존하면 인내심이 아주 뛰어난 몇 몇 사람들을 제외하고는 대부분 실패한다. 의지대로 잘되지 않을 때는 시스템에 의존해야 한다. 월급 받고 남는 돈을 저축할 게 아니라 저축부터 하고 남는 돈을 써야한다. 쓰고 남는 돈은 별로 없다. 저축할 돈이 없다는 이야기다. 다음 달부터라는 헛된 결심만

하게 된다. 월급이 들어오면 시스템에 따라 자동으로 저축부터 하고 남는 돈을 쓰는 '강제시스템'을 만들어야 한다.

'강제시스템'에 대해 이야기를 하다 보니 오랜 고객이었던 유주민씨가 떠오른다. 주민씨는 나를 처음 만날 때까지 저축을 해본 적이 없었다. 나이가 어린 탓도 있었지만 낮과 밤이 뒤바뀐 일을 하다 보니 밤에는 일을 하고 낮에는 피곤해서 잠자기 바빴다. 잠을 포기하지 않는 한 은행에 갈 시간이 없었고 휴일에는 금융회사가 문을 열지 않아 못 갔다. 월급을 받으면 잠시 통장에 돈이 들어왔다가 잠자는 사이에 카드 대금, 공과금, 휴대폰 요금 등으로 빠져나갔다. 남은 돈도 그녀와 함께 또 다시 깊은 잠을 잤다. 어떤 때는 통장에 잔고가 많을 때가 있었고 어떤 때는 잔고가 달랑달랑하기도 했다. 결국 2년 동안 남들과 다른 뒤바뀐 생활을 하면서 고생했지만 그동안 먹고, 입고, 신고, 메고, 바른 것 말고는 통장은 빈 깡통이나 다름없었다.

그녀에게 적금 만기의 기쁨에 대해 열심히 설명해줬다. 당시에는 잘 느끼지 못했지만 나의 열정에 감복해 난생 처음으로 적금을 시작하기로 결심했다. 수입과 지출 내역을 꼼꼼히 따져 보니 조금은 빠듯하지만 매월 60만 원은 적금이 가능했다. 적금을 할 수 있는 60만 원을 계좌 하나에 넣지 않고 20만 원씩 3개의 계좌를 만들어줬다. 60만 원 한 계좌로 적금을 하다보면 아직 저축이 익숙하지 않은 상황에서 돈이 모자라면 중도에 불입을 못하게 될 수 있고 결국 난생 처음해보는 적금을 포기할 수도 있다. 한 번 실패한 경험은 고정관념으로 자리 잡아 나쁜 기억으로 오래간다. 대신에 20만 원씩 3계좌로 나눠 1년 동안 3계좌 60만 원을 모두 불입해서 성공하면 베스트다. 중간에 힘들어서 계좌 하나를 포기해도 2계좌 40만 원을 성공하면 그녀에게 저축성공 DNA가 만들어진다. 최악의 경우 1계좌 20만 원만 만기까지 채워도 만기의 기쁨을 처음으로 경험하게 돼 앞으로 저축의 원동력이 될 수 있다. 급여일에 급여통장에서 적금으로 바로 자동이체가 되게 설정했다. 신용카드는 장롱 속에 넣어두고 체크카드를 사용하라고 했다. 급여통장에 돈이 떨어지면 더 이상 돈을 쓰지 말고 월급 받을 때까지 무조건 참아보라고 대못을 박았다.

6개월 후 기적이 일어났다. 3계좌 60만 원을 한 번도 빼먹지 않고 6개월 동안 불입했다. 저축이라고는 한 번도 해보지 않았던 그녀가 적금만으로 360만 원을 모았다. 이제 6개월 후에 찾아올 만기의 기쁨이 정말 기대가 된다고 빛나는 눈으로 말하면서 스스로를 대견해했다. 초기에는 잠자는 사이에 적금이 빠져 나가고 남은 돈이 월급 받기 전에 바닥나서 사고 싶은 것을 참느라 고생했지만 3달째부터는 아주 자연스러워졌다고 한다. 한 발 더 나아가 10만 원 정도가 추가로 남는데 어떻게 하면 좋겠냐고 물어보기까지 했다. 같은 방법으로 6개월 만기로 적금에 가입하라고 했다. 그 자리에서 앞으로 1년 후 그림을 그려줬다. 6개월 후 만기 적금 4개(20만 원 3계좌와 10만 원 1계좌)는 합해서 1년 만기 예금으로 갈아타고 매월 70만 원씩 1년간 적금을 하면 1년 6개월 후에 그녀의 저축액은 원금만 1,620만 원이 된다. 불과 2년 사이에 저축액 '0'에서 '1,620만 원'의 기적을 만들어 내는 것이다. 정말요? 정말요? 몇 번이고 묻는 주민씨에게 웃음으로 답했다. 그녀는 소비 유혹이나 나쁜 습관과 싸우다가 무력하게 질 수 있었던 상황을 '강제시스템'으로 적극적으로 대응해 멋지게 뒤집기 한판승을 거둘 것이다.

3

재테크 선구안을 길러라!

근접성의 효과

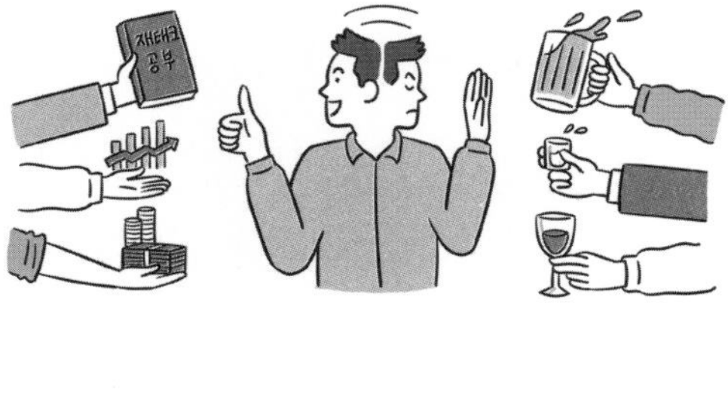

술친구 멀리하고
재테크 잘하는 친구 가까이 해라

w w w

　　결혼을 앞둔 커플이나 신혼부부를 상담하다가 내담자들이 기본적인 재테크 지식조차 없는 것을 발견하고 놀랄 때가 자주 있다. 신입사원이라면 그럴 수도 있겠지만 결혼 전까지 대부분 직장생활을 몇 년 동안 하면서 월급관리를 했음에도 불구하고 그런 상태일 때는 참 의아했다. 월급관리를 하다보면 자연적으로 재테크에 대한 기본적인 지식이 쌓일 텐데 의외로 그러지 못했던 것이다. 물론, 전문가 이상으로 야무지게 돈 관리를 잘하는 똑똑이들도 있기는 하다.

　　두 부류의 차이점이 뭔지 자세히 관찰했다. 돈 관리를 잘

하는 친구들은 스스로 관리를 해야 했기 때문에 돈을 잘 모으려고 금융상품에 대해 별도로 열심히 공부를 했거나 믿을 수 있는 전문가 조언을 참고했다. 적금이나 펀드 등 다양한 금융상품을 반복해서 가입하다 보니 지식과 경험이 자연스럽게 쌓였다. 때로는 실패라는 시행착오를 겪기는 했지만 그런 경험이 자기한테 딱 맞는 금융상품을 골라낼 수 있는 재테크 선구안을 길러줬다.

반면에 재테크 지식이 부족한 친구들은 엄마가 대신 월급을 관리해 주면서 필요한 만큼 용돈을 타서 썼다. 금융상품에 대한 공부 없이 엄마가 시키는 대로 무작정 상품에 가입했다. 그도 저도 아니면 맹목적으로 가까운 은행의 예·적금만 이용하거나 친구 따라 강남 간다고 친구나 직장동료가 좋다고 추천해주는 상품이 자기에게 잘 맞는지도 모른 채 가입해서 열심히 돈만 넣고 있었다.

결혼 전까지야 월급관리를 엄마가 대신해줘도 별 문제가 없다. 결혼해서까지 엄마한테 부탁할 수는 없고 부부의 수입이나 지출내역에 대해 엄마가 시시콜콜히 알기를 원치 않기 때문에 그제야 발등에 불이 떨어져 나를 찾아온다.

지난 겨울에 결혼한 김강민, 민아영 부부도 마찬가지였다. 결혼 전까지는 두 사람 모두 엄마가 월급을 관리해줬다. 그동안 모은 돈과 부모님이 약간 도와준 결혼자금을 보태 별 무리 없이 결혼식은 잘 치를 수 있었다. 신혼여행 다녀와서 어른들께 인사 다니고 직장에 복귀해 밀린 일처리를 하다 보니 나를 찾아오기 전까지 통장결혼식은 엄두를 못 냈다. 결혼준비와 신혼여행에서 사용했던 카드 값을 결제하고 남은 돈은 월급통장에 방치했다. 이제부터라도 저축을 잘 해보겠다는 마음은 굴뚝같았지만 그동안 돈 관리를 해본 경험이 전혀 없었기 때문에 어디서부터 시작해야할 지 엄두가 나지 않았다. 결혼 준비할 때 참고하려고 사놓고 제대로 읽어보지 못했던 책에 끼워져 있던 무료재무 상담권을 보고 답답한 마음에 나를 찾아왔다.

부부와 상담을 진행하면서 라이프 사이클에 따른 인생목표를 세우는 것을 도와주고 부부가 보유한 통장 중에 중복되거나 불필요한 통장은 없앴다. 보험료가 쓸데없이 많이 새고 있어 적극적인 보험 리모델링을 통해 보험료를 대폭 줄이고 보장항목의 과부족은 개선했다. 신혼 예산을 함께 세웠다. 월급과 지출을 효과적으로 관리할 수 있는 통장 시스템을 만들었다. 목표와 기간에 맞춰 적금, 청약통장, 펀드와 연금 같은 금융상품에 가입했다. 통장이 늘어가면서 부부의 얼굴이 점점 밝아졌다. 상담과정을 진행하면서 반드시 짚고 넘어가야 할 부분이 생겼다. 부부의 과거 재테크 경험으로는 몇 번의 상담만으로 '내가 설명한 것을 다 이해하지 못했을 텐데' 라는 의구심이었다. 중간 중간에 확인을 했지만 그때마다 부부가 고개를 끄덕이며 '네'라고 씩씩하게 대답했다. 하지만 그 대답을 온전히 믿을 수 없었다.

세 번째 만난 날 함께 금융회사에 가서 필요한 상품 가입 절차를 마무리한 후 카페에서 커피 잔을 앞에 놓고 진지하게 부부에게 물었다.

"이번 상담과정을 통해 두 사람과 많은 이야기를 나눴습니다. 두 사람에게는 생소한 금융상품에 대해 설명했고 금융회사에 함께 가서 여러 가지 금융상품에 가입했는데, 상품 내용을 이해할 수 있나요?"

부부의 대답은 내가 과거 수많은 상담을 통해 이미 예상했던 답이었다.

"물론 많은 부분을 이해하지는 못했습니다. 저희 부부를 위해 대표님께서 어련히 알아서 잘 해주셨을 거라고 믿었습니다. 저희는 앞으로도 대표님만 믿겠습니다."

이렇게 이해는 잘 못했지만 나만 믿는다고 이야기하는 고객은 그 당시에는 무한 신뢰를 해줘서 고맙지만 사실 제일 무섭다. 설명할 때 꼬치꼬치 따지고 이해가 잘 가지 않는 것은 이해될 때까지 계속 질문하는 고객은 나중에 '아' 하면 '어' 하고 잘 알아듣는다. 반면에, 믿기만 한 고객은 나중에 결과가 좋지 않을 때 인과관계를 잘 이해하지 못하기 때문에 서로 마음을 다칠 수 있다. 낙관적인 결과를 기대하며 무조건 믿었는데 투자상품은 운용에 따라 이익이 아니라 때로는 손실이 나기도 한다. 그 상황이 왜 일어났는지 잘 이해하지 못하면 서로 좋았던 관계도 나중에 얼굴을 붉힐 수 있다. 이런 일을 서로 겪지 않으려면 후속조치가 필요하다. 김강민, 민아영 부부 같은 고객에게는 별도로 과외공부를 시키기도 한다. 쉬운 재테크 책을 골라 이해가 갈 때까지 학습시킨다. 물론, 원하지 않으면 그렇게까지 하지 않지만 이 부부는 나의 제안을 고마워하며 흔쾌히 받아들였다. 다행히 그 후 몇 달이 지나면서 재테크에 대해 기본적으로 이해할 수 있는 수준까지 따라 와줬다. 지금은 저축하는 재미가 쏠쏠한데 적금 만기가 빨리 왔으면 좋겠다고 가끔 카톡이 오곤 한다.

뭐든지 자주 보면 볼수록 익숙해지고 친숙해진다. 이런 현상을 심리학에서는 '근접성의 효과'라고 이야기 한다. 사람만 자주 본다고 친숙해지는 것이 아니라 처음에는 낯설고 어려워 보이는 재테크도 관심을 가지고 알려고 하면 할수록 자연스럽게 친숙해진다. 용어나 상품내용이 상당히 어려워 보이지만 재테크의 기본원리를 알고 나면 '내가 왜 이런 것도 몰랐었지'라는 시기가 사람마다 약간 차이는 있지만 반드시 온다. 금융회사에 가서 수시입출금통장을 만들어보고 적금이나 펀드에 가입해보면 더 빨리 익숙해진다. 김강민, 민아영 부부도 재테크에 대한 기본 이해력을 키우는데 2개월이 채 안 걸렸다. 대신 그 기간 동안에는 어렵고 귀찮다고 재테크를 멀리하지 않고 부부가 가입한 상품들부터 이해하려고 노력했다. 이해가 잘되지 않는 것은 수시로 물어봤다. 재테크 책이나 인터넷 검색을 활용해 궁금한 내용은 바로 찾아봤다. 이제는 재테크 초보딱지를 완전히 뗐다. 돈을 모으기 위해 실생활에서 활용하는 금융상품 가짓수는 생각보다 많지 않다. 돈의 기본적인 원리를 알고 실제로 필요한 금융상품 몇 개만 알아도 돈을 모으는 데는 큰 어려움이 없다. 나중에 목돈을 불리는 시기가 오면 조금 더 많이 알아야하지만.

술친구만 말고 재테크 잘하는 친구를 곁에 둬라

연애 할 때 이 사람이 내 사람이다 싶을 때 연인의 친구를 만나보고 싶지 않은가? 만나고 싶다면 그 이유는 무엇인가? 같은 성격이나 성품을 가진 무리끼리 모이고 사귀는 모습을 비유하는 '유유상종(類類相從)'이라는 고사성어가 있다. 속된 말로 '끼리끼리 논다'는 이야기다. 콩깍지가 씌어 혹시 놓칠지 모를 연인의 성품을 사귀는 친구를 통해 판단하고 싶어서다. 그만큼 사귀는 친구의 역할은 재테크를 잘하기 위해서도 마찬가지로 중요하다. '친구 따라 강남 간다'고 주변에 술친구만 있으면 술집 따라다니면서 돈을 낭비하게 된다. 쇼핑을 좋아하는 친구가 있으면 백화점이나 쇼핑몰 따라다니면서 지갑이 텅텅 비게 된다. 반면에 인색하지 않으면서 알뜰하고 재테크 지식이 해박하면서 저축이나 투자를 잘하는 친구가 곁에 있으면 동기부여도 되고 좋은 것은 따라 하다보면 통장 잔고가 쑥쑥 늘어난다.

앞장에서 적금에 처음 가입하고 만기의 기쁨을 기다리는 유주민씨와 강은희씨는 중학교 시절부터 죽이 잘 맞아 지금까지 절친으로 잘 지내고 있다. 가끔 다투거나 삐지기는 했지만 두 사람은 아무것도 서로 감추는 게 없다. 서로에 대해 가족보다 더 잘 안다. 그런데 어느 날 은희씨가 주민씨 집에 놀러 갔다가 책상 서랍 안에 있는 적금통장 뭉치를 발견하고는 화들짝 놀랐다. 적금 통장이 한 개가 아니라 네 개나 된다는 사실도 놀랍지만 매월 불입하는 금액이 70만 원이나 된다는 사실은 놀라움을 넘어 은희씨에게 큰 충격을 줬다. 두 사람은 종종 만나 맛있는 음식을 사먹고 옷을 사러 다니고 여행도 가끔 가면서 많은 시간을 함께 보냈다. 그렇다고 주민씨 수입이 자신보다 많은 것도 아니다. 자신은 매달 받는 월급이 부족해 곤란을 겪을 때가 한 두 번이 아닌데 자신과 비슷할 거라고 생각했던 주민씨가 적금을 그것도 무려 매월 70만 원씩 6개월 이상 부어왔다는 사실은 은희씨에게 큰 충격이었다. 주민씨에게 자초지종을 다 듣고 난 후 오기가 생겼다. 지금부터라도 자신도 친구처럼 매월 70만 원씩 적금을 들어야겠다고 결심하고 주민씨 소개로 나를 찾아왔다.

상담을 받으러 온 은희씨는 아직 결심만 섰지 저축할 준비는 전혀 안됐다. 먼저 한달 동안 가계부를 쓰기로 하고 불필요한 지출을 잡아내 소비부터 줄여보자고 제안했다. 한 달 후에 다시 방문하기로 약속하고 첫 상담을 마무리했다. 지금까지 수많은 사람들을 상담한 경험으로 저축은 절대 결심이나 의욕만으로 성공할 수 없다. 지금의 모습은 과거 자신의 습관이나 행동의 결과다. 돈을 잘 모으겠다는 결심이나 의욕도 물론 중요하지만 먼저 재테크 체력부터 기르는 게 중요하다. 맨 처음 해야 할 일은 돈쓰는 습관부터 긍정적으로 기르는 것이다. 돈을 많이 번다고 저축을 많이 하는 것도 아니고 돈을 적게 번다고 저축을 못하는 것도 아니다. 저축을 잘 하기 위해서는 먼저 현명하게 잘 쓰는 소비지출 습관부터 길러야 한다.

주민씨와 은희씨 사례에서 보듯이 재테크를 잘하려면 친구 역할이 상당히 중요하다. 은희씨가 저축에 성공한다면 절반은 주민씨 덕분이다. 재테크 잘하는 친구하고만 사귀라는 이야기는 아니다. 영화보고 맛난 거 먹고 여행하면서 좋은 추억을 차곡차곡 쌓아가는 것은 마음에 맞는 친구와 함께 할 때 더 행복하다. 힘들 때 아무 이유 없이 내 편이 돼 힘이 돼주고 아플 때 내 마음을 보듬어줘 상처를 아물게 해주는 것도 친구라서 가능하다. 하지만 또래의 돈에 대한 고민은 대동소이하다. 경제적으로 풍요로운 부모와 살지 않는 한 돈에 대한 고민은 다 거기서 거기다. 결혼자금도 마련해야 하고 살 집도 구해야 한다. 월급도 큰 차이가 나지 않는다. 돈에 대한 고민을 함께 나누면서 함께 목표를 정해보고 지치고 힘들 때 서로 격려하고 때로는 경쟁을 해 가면서 서로의 목표를 이뤄나가는 것도 좋은 친구 사이에서나 할 수 있는 아름다운 모습이다.

상담을 마치면서 소비지출 통제를 자신 없어 하는 내담자
들에게는 소비지출 통제를 어렵게 만드는 친구를 내게 보내라
고 웃으며 이야기를 한다. 친구까지 상담을 통해 변화시키면
내담자가 목표를 이룰 확률이 높아진다. 혼자 돈을 쓰기 보다
는 자주 만나는 친구와 소비성 지출을 하는 경우가 대부분이
다. 친구 앞에서 매번 쩨쩨하게 보이기 싫은 것도 충분히 이해
된다. 내담자의 친구들을 함께 변화시켜 내담자가 목표를 이
루는 데 발생할 수 있는 장애물을 사전에 제거해주는 게 친
구 상담의 주요 목표다. 재테크를 잘 하는데 있어서 자주 만
나는 친구나 직장 동료의 역할은 그만큼 중요하다. 재테크에
성공하려면 '유유상종(類類相從)'이라는 고사성어를 절대 가볍
게 여기지마라.

광고 많이 한다고 좋은 펀드는 아니다

앞서 언급한 '뭐든지 자주 보면 볼수록 익숙해지고 친숙해
진다'는 '근접성의 효과'를 가장 많이 이용하는 게 광고다. 반
복적인 노출을 통해 상품에 친숙하게 만들고 심지어는 좋은

상품으로 착각하게 만든다. 광고에 자주 나오는 금융상품이 자주 노출되면 될수록 금융 이용자들은 그 상품에 친숙해져 좋은 상품이라고 생각할 수 있지만 결과는 반드시 그렇지 않다. 광고에 많이 노출되는 상품은 금융 이용자의 이익을 위해서가 아니라 금융회사 이익에 크게 기여할 가능성이 높은 상품이다. 적극적인 마케팅을 통해 금융회사가 자사의 이익을 챙기기 위해 전략적으로 미는 상품이라는 의심부터 해보는 게 현명한 금융 이용자의 자세다. 상품에 가입하기 전에 꼼꼼히 장·단점을 따져봐야 한다. 자주 봐서 친숙하다고 선택했다가 결과가 좋지 않으면 그 피해는 금융회사가 아니라 고스란히 선택하고 돈을 넣은 사람의 몫이다.

지금은 공모펀드 인기가 시들해졌지만 과거에 공모펀드가 한창 잘 나갈 때 미래에셋에서 많은 광고를 했던 어디에 어떻게 투자하는지 묻지 말라던 '인사이트 펀드'가 좋은 예다. 2007년 펀드 설정 당시 펀드시장 활황과 미래에셋 펀드들의 성공을 발판으로 4조원에 근접하는 엄청난 규모의 돈이 단기간에 폭발적으로 인사이트 펀드에 유입됐다. 국내 성장형 펀드의 수수료와 보수가 연 2% 중반 전후였고 해외펀드가 3% 전후였던데 반해 인사이트 펀드는 4%에 근접했었다. 그 당시 주요 일간지는 물론 여러 매체에서 연일 인사이트 펀드를 홍보하는 광고가 쏟아졌다. 증권사 객장에서는 인사이트 펀드에 가입하려고 한 두 시간씩 기다리는 진풍경이 연출됐다. 결과는 2007년 10월 펀드 설정 이후 얼마 되지 않아 글로벌 금융위기가 다가오면서 단기간에 60%이상의 손실율을 기록했다. 비교적 최근에 와서야 중국 위주에서 미국 기술주 위주로 포트폴리오를 변경하면서 높은 수익률을 냈다. 하지만 최근 코로나바이러스감염증의 창궐로 대부분의 투자 자산들과 마찬가지로 수익률이 다시 떨어지고 있다. 밀물처럼 들어왔던 많은 자금이 썰물처럼 빠져나가 지금은 설정액 2,000억 원 정도를 유지하고 있다. 인사이트 펀드의 투자 손실에 관계없이 미래에셋은 이 펀드로 인해 많은 돈을 벌었고 지금도 여전히 벌고 있다. 펀드의 수수료와 보수는 수익률이 마이너스를 기록하더라도 꼬박 꼬박 빠져 나가기 때문이다. 그것도 다른 펀드보다 월등히 높은 수수료가.

앞서 언급한 펀드 판매회사처럼 물건이나 금융상품 등을 판매하는 회사들은 소비자가 잘 모르는 다양한 심리기제를 연구해서 이용한다. 그 결과 그들은 시간과 장소를 가리지 않고 소비자를 유혹해 지갑을 열게 만드는 특별한 능력을 보유했다. 그들에게 이용당하지 않고 쓸데없는 돈을 쓰게 만드는 그들의 유혹에 넘어가지 않으려면 소비자도 그들이 이용하는 심리기제에 대해 잘 알아야 한다. 지금 당신이 이 책을 열심히 읽는 이유다.

4

따로 주머니 차면 돈이 잘 안 모인다

이기적 편향

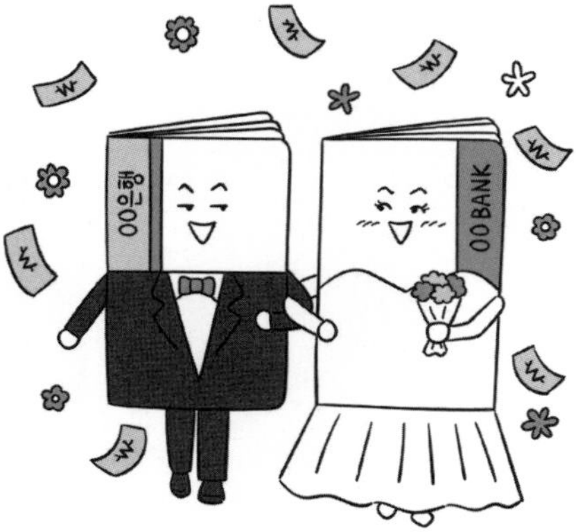

커플리치가 되려면
예식장 결혼식에 이어
통장결혼식까지 마쳐라

w ʍ w

예전에는 결혼하면 대부분 자연스럽게 통장을 합치고 두 사람 월급을 한사람이 도맡아 관리했다. 반면에 몇 년 전부터는 결혼해도 서로의 월급을 따로 관리하는 부부가 눈에 띄게 늘었다. 여성의 사회 진출이 늘어나면서 맞벌이 부부가 증가한 이유도 있겠지만 이혼율이 급증한 것도 그러한 트렌드가 출현하게 된 배경이라 할 수 있다.

자산을 따로 관리하는 방식은 부부마다 다양하지만 일반적으로 한 통장에 부부가 생활비를 분담해서 입금해 놓은 다음 용처에 따라 지출하고 나머지 여윳돈은 각자 알아서 쓰거나 저축한다. 어버이날이나 양가 부모님 생신 같이 특별히 목돈을 지출해야 할 상황이 생기면 그때그때 상의해서 한 편이 지출할지 아니면 모아서 낼지 정한다.

이렇게 부부가 따로 월급관리를 하면 당장은 서로 간섭을 하지 않으니까 편할지 모르겠지만 결과적으로는 가계자산을 효과적으로 모으고 불리지 못하는 주요한 원인이 된다. 전세금 인상분과 같이 가계에 큰 목돈이 필요할 때 두 사람이 각자 모은 돈을 합쳐도 부족하면 서로 상대방 탓을 하면서 크게 다툴 수 있다. 때로는 '누가' '어떻게' 관리할지에 대한 의견 일치를 보지 못하고 결혼 한지 일 년 여가 넘어서도 피 터지게 힘겨루기를 하는 부부들도 꽤 있다.

〈신혼부부를 위한 결혼 재테크〉강연에서 처음 만난 이연미씨가 그랬다. 연미씨는 강연에 참석하기 일 년 전쯤 동갑내기 남편과 결혼했다. 친구가 주선한 소개팅에서 만나자마자 한 눈에 반했던 부부는 삼 개월 만에 속전속결로 결혼식을 올렸다. 짧은 시간에 서로에게 확 빠져 결혼한 부부였지만 신혼여행 다녀와서 가계자산관리를 '누가' '어떻게' 할지를 두고는 다툼이 잦았다. 자라온 환경이 많이 달랐던 부부는 가계를 꾸려나가는 방법에 대해서도 생각 차이가 컸다. 나를 만나기 바로 전까지도 의견일치를 보지 못했고 갈등의 골이 깊어지면서 지쳐가고 있었다.

사회 진출과 동시에 자영업을 시작했던 남편은 자신의 통장에 부부의 월급을 다 넣고 직접 관리하기를 원했다. 진학과 동시에 지방 대도시에서 부모님으로부터 독립해서 살았던 연미씨는 월급을 각자 알아서 관리하고 싶어 했다. 자신이 번 돈까지 남편이 관리하면서 용돈만 받고 살면 허전하고 갑갑할 것 같았다. 답답한 마음에 다른 부부들은 어떻게 하는지 궁금해서 결혼한 친구나 직장동료에게 물어보면 대부분 아내가 관리하거나 각자 알아서 관리한다는 답을 듣곤 했다. 이런 이야기를 반복해서 듣게 되니 남편을 더 이해할 수 없었다. 다툼이 늘어나면서 좋았던 부부 사이지만 날이 갈수록 서로에게 냉랭해질 때가 잦아졌다. 자신이 번 돈에 욕심을 내는 것처럼 보이는 남편이 밉기도 하고 월급을 통째로 남편에게 맡겼다가 혹여 이혼이라도 하게 되면 수중에 돈 한 푼 쥐지 못할까봐 불안했다. 시간이 지날수록 다툼이 잦아졌고 혼인신고는 자꾸 뒤로 미뤘다.

연미씨 이야기만 들으면 남편이 이상해보일수 있겠지만 그동안 여러 부부를 상담한 경험에 따르면 두 사람의 이야기를 다 듣기 전에 섣부르게 판단하는 것은 금물이다. 이런 다툼은 대부분 부부가 살아온 경험이 다르고 돈에 대해 이야기하는 기술이 서투르기 때문에 발생하는 오해일 가능성이 높다. 대부분은 돈에 대한 이야기를 시작은 잘 하지만 중간에 사소한 의견차이로 다투다가 삼천포로 빠지든지 사소한 말 한마디에 감정이 상해 이야기를 끝까지 진행하지 못하고 중단하기 때문에 일어난다. 서로 사랑해서 결혼한 부부가 이만한 문제를 해결하지 못할 이유는 없다. 돈에 대해 생산적으로 이야기를 잘 할 수 있게 분위기를 조성해주는 전문가가 두 사람이 마음속에 있는 이야기를 끝까지 마칠 수 있게끔 돕고 나면 대부분 결과가 좋았다. 특히 신혼부부는 더 그랬다. 다음에 남편과 함께 사무실을 방문해 상담을 받는 것으로 결론을 내고 그날은 일단 헤어졌다. 혹여 남편이 생전 처음 보는 나에게 자신의 치부를 드러내는 것이 싫어 오지 않으려고 할 수 있으니 잘 달래서 같이 오라고 당부했다. 다른 부부에 비해 유난히 개성이 넘치고 자아가 강한 부부를 다음번에 만나 상담할 생각을 하니 내 머리도 복잡해졌다.

일주일 후 연미씨와 함께 사무실을 방문한 남편은 마지못해 따라온 기색이 역력했지만 혹시나 이번 상담을 통해 부부의 문제를 해결할 수 있을지 모른다는 기대감도 가지고 있었다. 이야기를 나누다보니 예상했던 대로 두 사람 다 약간의 문제가 있었다. 예상했던 대로 부부 모두 자존심이 강했다. 처음에는 대화를 잘 나누다가도 생각이 다른 문제에 부딪히면 심하게 다퉜다. 감정에 못 이길 때는 대화 중단이 반복됐다. 그런 상황이 반복되다 보니 나중에는 아예 감정만 상하고 싸우기만 할 바에는 돈 이야기 자체를 회피했다. 이야기를 시작해봐야 결과는 뻔했기 때문이다.

연미씨 남편은 돈에 대해서 한 치의 오차도 허용하지 않는 완벽주의 그 자체다. 어릴 때 집안 형편이 어려워 돈 때문에 고생을 많이 했기 때문에 더 철저해졌다. 반면에 아내는 고등학교에 진학하면서부터 돈을 어떻게 쓰든지 간섭하는 사람이 없었다. 이런 습관은 직장생활을 시작하면서 정기적인 수입이 생기자 본인이 원하는 것은 돈이 있든 없든 다른 사람 눈치를 보지 않고 욕구를 충족하는 것으로 발전했다. 계획성 없이 돈을 지출했고 부족하면 현금서비스를 받기도 했다. 짧은 연애기간 동안은 아내의 이런 모습이 눈에 잘 띄지 않았다. 신혼여행가서 아내의 이런 행동을 처음 보고 깜짝 놀랐다. 말리다가 다툼이 시작됐다. 신혼여행기간 동안 이 문제로 여러 번 싸웠다. 그 이후로 아내가 돈을 관리하면 집안 경제가 거덜 날거라는 생각이 굳어졌다. 본인이 직접 돈 관리를 해야 돈을 제대로 모을 수 있다는 생각이 점점 확고해졌다. 게다가 지금은 프리랜서로 활동하는 아내가 결혼 전에 밝혔던 수입과 결혼 후에 이야기하는 수입의 차이가 컸다. 자꾸 자신에게 뭔가를 숨긴다는 느낌을 받을 때마다 아내에 대한 신뢰지수가 급격하게 떨어졌다.

　두 시간 동안 셋이서 이야기를 나누다 보니 서로 간에 작은 오해가 커진 부분이 있었다. 속마음은 감추고 마음에 없는 이야기를 해 상대방을 난처하게 만들고 심지어는 상처까지 줬다. 대화를 끝까지 나누면서 살아온 환경이 다르고 상대방에게 잘 보이려는 마음이 더해져 그런 오해가 생기고 커졌다는 걸 부부가 확실히 알게 됐다. 지금부터라도 '나'를 주장하기보다는 '상대'를 먼저 이해하는 마음부터 가지고 그런 후에 상대에게 바라는 게 있다면 솔직하게 이야기하고 문제가 생기면 오래 끌지 말고 그 시점에 문제를 해결하라고 결혼 선배로서 조언했다. 본격적인 대화를 나눌 수 있는 분위기가 조성된 후에 전반적인 교통정리를 시작했다. 일단 각자 관리하는 것은 비효율적이니 한 사람이 관리하고 한 달에 한 번은 부부가 시간을 내서 수입이나 지출내역을 놓고 평가하는 시간을 가지기로 했다. 가계자산 관리는 돈에 대해 더 밝고 관리를 잘하는 남편이 맡기로 했다. 남편에게 자신의 수입 모두를 맡기고 용돈 받아쓰는 것은 아내가 구속당하는 느낌이 들고 불안해하니까 아내 수입의 1/3은 아내가 알아서 저축하기로 했다. 남편은 이 돈에 대해서는 궁금해 하지도, 간섭도 하지 않기로 약속했다. 양가 어른에 대한 효도비 배분을 비롯해 세세한 부분까지 대략적인 기준을 세웠다. 이쯤 돼서야 상담 시작 초에 냉랭했던 분위기가 다시 부부의 첫 만남 그 때로 돌아간 것처럼 부부의 마음에 온기가 돌기 시작했다.

돈에 대한 대화를 끝까지 할 수 있었기에 그동안 쌓였던 오해가 대부분 풀렸다. 만나기 전까지 살아온 환경이 크게 달랐기 때문에 돈에 대한 생각과 습관이 많이 다를 수 있다는 점도 인정했다. 알고 보면 별거 아니었지만 그동안 상대에게 의구심을 가졌던 부분도 깨끗이 풀렸다. 계속된 다툼으로 상대에게 섭섭해 하면서 얼음장처럼 차가워지던 감정도 서서히 녹아내렸다. 부부가 이구동성으로 속이 정말 후련하다고 했다. 일 년여 동안 피터지게 싸우며 부부의 가슴 한편에 미움과 서운함을 차곡차곡 쌓아갔던 문제가 불과 2~3시간의 대화를 통해 해결된 것에 대해 시원해하면서도 허탈해했다. 상담을 마친 후 인사를 하고 돌아서서 손을 꽉 잡고 걸어가는 부부의 뒷모습은 결혼 전 서로에게 푹 빠졌던 그 시간으로 다시 돌아간 듯했다. 두 사람 다 자존심이 강하고 직선적인 성격이다. 상대방을 먼저 이해하려고 애쓰기보다는 자신의 주장을 먼저 내세우는 스타일이라 중간에 대화가 깨질까봐 상담 시간 내내 초긴장했던 나도 안도의 한숨이 나왔다. 부부사이의 돈과 관련한 갈등을 해결하는 방법은 두 사람이 끝까지 이야기를 마치는데 달렸다. 두 사람 힘으로 잘 안되면 싸우지 않고 끝까지 대화를 마칠 수 있게 도와주는 나 같은 사람의 조력이 반드시 필요하다.

부정적인 행동에 대해서는 상황적, 환경적 요소로 돌리는 반면, 긍정적인 행동에 대해서는 우리의 내부적 요소로 돌리는 경향을 '이기적 편향'이라고 한다. 자신의 자존심을 지키거나 자신을 방어하려는 심리에서 생겨난다. '잘못한 것은 남탓 잘한 것은 내 덕분'이라는 인간의 기본적인 심리는 아무리 가까운 부부사이라도 예외일 수 없다. 연미씨 부부도 마찬가지다. 결혼 한 지 얼마 되지 않았기 때문에 함께 오래 살면서 서로의 역린을 건드리지 않는 게 부부간의 대화를 잘 풀어갈 수 있는 최선의 방법이라는 것을 숱한 시행착오를 겪은 후에 경험으로 터득한 원숙한 부부와 차이가 날 수 밖에 없다. 상대방의 '이기적 편향'을 인정하면서 이해를 바탕으로 돈에 대한 이야기를 풀어 나가야 원만한 해결책을 만들 수 있다.

부부가 재무대화를 현명하게 하는 방법

학년 초에 선생님이 학생들에게 학습목표를 구체적으로 알려주고 지도를 잘하면 학년을 마칠 때 학생들의 학업 성취도는 크게 향상된다. 이러한 과정은 학생들에게 한 학년을 성공적으로 잘 마치면 자신의 수준이 어느 정도까지 발전해 있을지에 대한 기대감을 자연스럽게 심어준다. 학습동기가 자극되고 공부 방법의 방향을 정하는 데도 큰 도움이 된다.

효과적인 학습목표를 세우려면 막연하고 추상적인 목표보다는 구체적인 행동으로 실천할 수 있는 목표를 세워야 한다. 학생들의 능력과 비교해 너무 쉽거나 지키기 어려운 목표보다는 현재 능력보다 조금 어려운 목표에서 출발해 단계적으로 난이도를 높여 나가는 것이 현실적이다. 시간이 오래 걸려야 결과가 확인되는 목표보다는 조금만 노력해도 성과가 눈에 확 드러나는 목표가 동기부여가 잘 된다. 선생님이 일방적으로 정해준 목표보다는 학생들이 함께 참여해서 세운 목표가 실천 가능성이 높다.

<네이버 지식백과> 학습목표(교육심리학용어사전, 2000. 1. 10, 학지사) 참고

부부가 재무대화를 잘하는 방법은 선생님이 학생들에게

학습목표를 구체적으로 알려주고 지도하는 방법과 큰 차이가 없다. 재무대화를 할 때는 부부의 미래에 대한 구체적인 꿈과 목표를 먼저 세우고 현실적인 실천방법을 만들어야 한다. 이렇게 먼저 만든 부부의 목표와 실천방법을 탁자 위에 펼쳐 놓고 대화를 시작해야 부부간에 생산적인 재무대화가 된다. 남들이 좋다니까, 재테크 서적에서나 나 같은 전문가가 해보라니까 사전 준비 없이 재무대화를 시작한다고 잘할 수 있는 게 아니다. 부부가 '5년 안에 강남에 30평대 아파트를 사자' '저축은 가능하면 많이 하자' '무조건 아끼자'와 같이 막연하고 추상적인 이야기만 나누면서 재무대화를 했다고 만족할 수도 있다. 연미씨 부부처럼 상대방의 역린을 잘 못 건드려 감정만 상하게 해 대화만 시작하면 5분도 채 못 돼 바로 부부 싸움으로 이어질 수도 있다. '이기적 편향'에서 벗어나지 못하고 사사건건 상대방 탓만 하는 피곤한 부부 성토의 장이 될 수도 있다. 이런 류의 대화라면 부부가 재무대화를 할 필요가 없을 것이다. 그전에 더 이상의 대화는 의미 없다고 판단해 재무대화 자체를 중단하는 게 정상이다. 이럴 경우 가계를 함께 꾸려가는 부부 사이에 꼭 필요한 재무대화의 긍정적인 모습은 다른 부부들의 이야기가 되고 현실성이 없다고 의심하게 된다. 그러면 끝이다.

부부는 같은 방향을 바라보고 함께 가야 한다. 결혼과 동시에 2인 3각 경주는 시작됐다. 결승점까지 협력해서 걸어가든 달려가든 아니면 달리다 잠시 쉬었다 다시 걸어가든 선택해야 한다. 결승점에 도착하기 위한 방법에 대한 선택지는 많지만 두 사람이 걷든 달리든 잠시 쉬든 그 순간에는 같은 방법을 선택해야 한다. 서로 반대편을 바라보거나 방향이 크게 다르면 결승점에 도착하는 것이 불가능해진다. 중간에 각자의 방향이 옳다고 힘겨루기를 하다가 방향을 재설정해 다시 가면 결승점에 도착은 하겠지만 많은 시행착오를 겪어야 한다. 시간도 훨씬 오래 걸린다. 체력소모도 많다. 방향이 조금만 달라져도 부부가 처음부터 똑같은 방향을 함께 바라보고 갈 때보다 결승점에 도착하는 시간이 훨씬 더 오래 걸린다. 두 사람이 보폭과 속도를 맞추는 것도 중요하다. 가다가 넘어지지 않으려면 자신의 보폭과 속도보다는 상대방의 보폭과 속도를 먼저 생각하고 배려해야 한다.

여러 팀이 동시에 출발해 승부를 내는 경주가 아니다. 두 사람만의 경주이기에 남들보다 빨리 뛸 필요가 없다. 두 사람이 함께 가는 방법만 선택해 서로 배려하고 마음을 잘 맞추면 된다. 결승점에 효과적으로 도착하기 위한 가장 중요한 포인트는 다시 한 번 강조하지만 속도나 보폭이 아니라 같은 방향이다. 속도나 보폭은 그 다음이다. 재무대화는 부부가 같은 방향을 바라보고 함께 결승점에 잘 가기 위해 필요한 수단이다. 그래서 처음부터 바늘에 실을 잘 꿰어야한다. 앞에서도 강조했지만 부부의 미래에 대한 구체적인 꿈과 목표를 세우고 현실적인 실천방법을 만들어 놓는 것부터가 시작이다. 그 다음에 재무대화를 시작해야 한다. 선생님이 학생들에게 학습목표를 구체적으로 알려주고 지도하는 방법을 벤치마킹해 부부가 재무대화를 생산적으로 잘 할 수 있는 방법을 만들어보자.

첫째, 막연하고 추상적인 목표가 아니라 구체적인 행동으로 실천할 수 있는 목표를 세워야 한다.

자녀 교육비, 주거비나 노후생활비처럼 부부의 라이프 사이클에 따라 시간적인 순서대로 반드시 일어나기 때문에 경제적으로 미리미리 준비해야 할 재무적인 사건들에는 '무엇이 있는지' 그 사건을 잘 해결하려면 '얼마가 필요할지' '어떤 방법으로 준비하면 좋을지'에 대해 먼저 이야기를 나눠보자. 구체적일수록 좋다. 하루에 끝나도 좋고 며칠이 걸려도 괜찮다. 이야기를 나눈 것은 노트에 반드시 적어야 한다. 말로만 하고 끝내면 나중에 어떤 이야기를 나눴는지 기억이 잘 나지 않는다. 적고 싶은 사람이 적고 서로 미룰 거면 돈 관리를 담당하기로 한 사람이 적으면 된다. 권리에는 책임도 따른다.

질병, 사고나 실직 등 예기치 못한 상황이 발생할 때 두 사람이 어떻게 대처할지에 대해 미리 대화를 해보자. 맞벌이 부부는 한 사람이 자의든 타의든 직장을 그만두게 되면 두 사람 수입에 모든 것이 맞춰져 있던 가정경제에 큰 어려움이 닥칠 수 있다. 특히 자녀를 출산해야 하는 부부는 출산으로 휴직을 하거나 원치 않는데도 직장을 그만둘 수밖에 없는 상황에 처할 수 있다. 아직 자산이 충분히 형성되지 않았으면 이런 사건이 가정경제에 큰 위기로 작용할 수 있으므로 이에 대한 철저한 사전 대비가 반드시 필요하다.

가족여행, 회갑, 칠순 같이 양가 부모님들을 위해 지출하는 효도비용, 자동차 구입비용 등 목돈이 필요한 특별한 이벤트에 대해 구체적으로 파악해 '얼마의 예산'이 필요한지와 마련방법에 대해서도 서로 의견을 나눠야 한다.

두 사람 수입을 정확히 파악해 서로 솔직하게 오픈해 공유하는 게 좋다. 괜히 상대방에게 뭔가 감추는 듯한 느낌을 주게 되면 부부간에 평생 불신하며 살게 된다. 살면서 계속 부부싸움의 불씨가 되기도 한다. 돈 문제뿐만 아니라 부부간에 일어날 수 있는 모든 불협화음에 이 문제가 꼭 끼어들어 상황을 더 어렵게 만든다. 돈 문제는 예민하기 때문에 결혼 초부터 부부간에 신뢰를 잃지 않도록 특히 더 조심해야 한다.

매월 정기적으로 발생하는 관리비나 공과금 같은 지출과 옷, 화장품이나 휴가비용 등 매월이 아니라 비정기적으로 발생하는 지출에 대해서도 꼼꼼히 잘 파악해야 한다. 수입과 지출내역을 정확히 알아야 합리적인 저축액을 정할 수 있다. 월급이 남편은 300만 원, 아내는 200만 원이고 월평균 지출액이 250만 원이라면 맞벌이가 지속되고 급여변동이 없는 한 두 사람이 미래 목표를 위해 매월 저축할 수 있는 금액은 250만 원이다. 매월 250만 원만 쓰고 250만 원은 저축하겠다는 목표를 세울 수 있다. 월급 받으면 먼저 250만 원을 저축하고 남은 돈만 쓰겠다는 실천 가능한 구체적인 목표를 함께 세우면 된다.

둘째, 부부의 능력과 비교해 너무 쉽거나 지키기 어려운 목표보다는 현재 능력보다 조금 어려운 목표에서 출발해 단계적으로 난이도를 높여 나가야 한다.

부부가 현재 매월 500만 원을 벌어 300만 원을 쓰고 있다. 얼마 안 있으면 중학교에 진학하는 아이 학원비도 마련해야 하고 전세금 인상 때 대출받은 3,000만 원도 내년이면 상환하든지 연장하든지 해야 한다. 내 집은 없고 노후준비도 걱정되고. 부부가 상의해서 매월 300만 원의 지출을 200만 원으로 줄이기로 결심했다.

지출을 줄이기로 합의했지만 대부분 별로 줄여지지 않는다. 어떨 때는 300만 원을 더 쓸 때도 있다. 나는 지출을 줄이려고 애쓰고 있는데 상대방은 노력을 하지 않는 것 같아 원망과 짜증이 는다. 결국 부부싸움으로 폭발한다.

매월 300만 원을 쓰던 가계가 의욕만 가지고 갑자기 지출을 100만 원이나 줄이겠다는 목표는 처음부터 지키기 어렵다. 애초부터 지킬 수 없는 목표를 세운 것이다. 처음에야 함께 의욕적으로 노력하겠지만 어느 날 억제가 안 돼 소비의 둑이 한 번 무너지면 지출은 걷잡을 수 없이 늘게 된다. 때로는 결심전 보다 지출이 더 많아질 수 있다. 지키기 어려운 무리한 목표는 처음부터 세우지 않는 게 낫다. 괜히 의욕만 꺾이고 자괴감만 생긴다. 잘 알겠지만 무리한 저축이나 소비지출 목표는 의욕만으로는 절대 이룰 수 없다. 월 300만 원 지출을 월 200만 원으로 줄이는 게 가능한 지부터 먼저 꼼꼼히 따져봐야 한다. 쓸 건 반드시 써야하는 요즘 사람들의 의식구조나 점심 한 끼에 8,000~9,000원을 훌쩍 뛰어넘는 물가에 월 300만 원을 지출한다고 해도 충분치 않다. 대출금 상환을 해야 하거나 아이들 학원비까지 감당하려면 말할 것도 없다. 100만 원을 줄이는 것은 불가능에 가깝다. 300만 원을 쓰는 게 사치해서가 아니라 필수지출액이거나 조금 더 쓰는 정도일 가능성이 높다. 이럴 때는 원래 목표 100만 원의 10%선인 월 10만 원만 먼저 줄이는 것을 목표로 해야 한다. 세 달 정도 기간을 두고 확실히 줄여지면 그 다음은 90만 원의 10%를 줄인 월 9만 원을 다음 목표로 잡는다. 계속 이런 방식으로 지출을 줄여나가다가 더 이상 줄일 수 없는 지점이 부부가 노력해서 줄일 수 있는 최선이다. 무리하게 목표를 잡기 보다는 현재 능력보다 조금 더 높은 수준으로 목표를 잡고 단계적으로 목표를 높여가야 성공할 수 있다. 이런 힘든 과정을 거칠 때는 매월 지출한 내역을 뽑아서 눈으로 확인한 후 서로의 노고를 칭찬해주고 앞으로도 계속 힘을 받을 수 있는 방향으로 긍정적인 대화를 해야 한다.

셋째, 시간이 오래 걸려서 결과가 확인되는 목표보다는 조금만 노력해도 성과가 확 눈에 드러나는 목표를 만들어 끊임없이 동기부여를 하자.

가계 지출 항목에는 아파트 관리비나 공과금 같이 지출을 줄이려고 노력해도 별반 차이가 나지 않고 매월 비슷한 금액이 지출되는 항목이 있다. 외식비, 문화생활비, 의류 구입비나 화장품처럼 노력하면 확실하게 줄일 수 있는 항목도 있다. 전자는 대개 한 달에 한 번만 지출하면 되지만 후자는 지출할 때마다 금액이 쌓여 눈으로 바로 확인할 수 있다. 이렇게 지출할 때마다 금액이 누적되는 항목은 잘게 쪼개서 절약을 실천하는 것을 목표로 삼을 수 있다.

가계마다 이런 항목들에 한 달 지출 예산이 정해져 있을 것이다. 없다면 지금 정해보자. 한 달 지출예산이 40만 원이면 4주로 나누면 매주 10만 원만 지출하면 된다. 목표를 더 잘게 나눠 하루 1만4000원 정도로 세분화 시킬 수 있지만 요즘 같이 장바구니 물가가 높고 지출예산이 아주 크지 않으면 하루를 목표 단위로 잡는 것은 비효율적이다.

일요일 저녁에 잠깐 짬을 내서 한 주 동안 지출한 금액을 더해 보고 목표를 달성했는지 확인해보자. 달성했다면 서로 수고했다는 말 한마디라도 칭찬하는 습관을 들이자. 칭찬은 고래도 춤추게 한다고 서로의 노력에 대해 칭찬의 말 한마디라도 건네면 다음 주도 잘 해보겠다는 의욕이 생긴다. 그 주에 목표를 달성하지 못했다면 실망하지 말고 다음 주에는 잘해서 꼭 목표를 달성해보자고 서로 격려해보자. 통상적으로 이런 지출 항목에 대해서는 처음 2주 정도는 가능하면 지출을 억제하고 3주차 이후로 지출계획을 세우면 한 달 지출 목표를 달성하기가 한결 쉽다. 더 나아가 3, 4주차에도 주당 10만 원씩만 지출한다면 그 달에는 20만 원을 아낄 수 있다. 앞 장에서 언급했지만 '마시멜로의 유혹'을 이겨내면 지출습관이 획기적으로 개선된다. 잘 생각해보면 이렇게 목표를 세분화시킨 지출항목은 써도 그만 안 써도 그만인 경우가 대부분이기 때문에 잘 참으면 가정경제에 큰 도움이 된다.

넷째, 한 사람이 일방적으로 정해준 목표보다는 부부가 함께 참여해 세운 목표가 중요하다.

월급은 만져보지도 못하고 바로 급여 통장에 들어가고 아내에게 용돈을 타서 쓰는 남편이 많다. 부부간에 재무대화를 하지 않으면 남편은 적지 않은 월급을 받아오는데 아내는 매번 남편에게 돈이 부족하다는 이야기를 하게 되고 남편은 아내가 살림을 잘 못해 애써 벌어온 월급을 낭비한다고 생각할 수 있다. 사실은 아내는 힘들게 일해서 돈을 벌어온 남편에 대한 고마움을 가지고 아내대로 최선을 다해 아껴 쓰지만 월급이라는 게 아껴 써야 조금 저축할 수 있는 정도다. 직장 연차가 높아질수록 월급이 올라가지만 아이가 커감에 따라 지출도 덩달아 늘게 된다. 게다가 대출금이 있고 아이에 대한 기대가 커 사교육을 많이 시키기라도 하면 그 달 월급 받아 그 달 쓰기 바쁜 게 현실이다. 저축은커녕 빚이 늘지 않으면 다행이다. 그러니 남편에게 돈이 부족하다는 이야기를 자주 할 수밖에 없다. 남편은 남편대로 용돈이 빠듯하니 어떻게 하면 조금이라도 돈을 더 타 쓸까 온갖 잔꾀를 낸다. 친구를 만나 호기를 부려 카드결제를 과하게라도 하게 되면 스스로 해결하지 못하니 아내에게 도움을 청하게 되고 이런 일이 반복되면 부부싸움이 잦아진다.

이런 모습을 주변에서 흔히 볼 수 있다. 이런 부부는 재무 대화를 통해 가계의 목표를 함께 세우거나 현재 상황을 공유하지 않는 경우가 많다. 아내는 자의든 타의든 일방적으로 모든 것을 결정한다. 용돈만 타가면 되는 남편은 가계의 목표에 무관심하다.(부부간의 역할이 반대일 수도 있다) 서로 협조가 없다. 아내는 월급이 부족하기만 하고 남편은 돈을 벌어다 준 것만으로 책임을 다했다고 여긴다. 이렇게 해서는 부부 앞에 놓인 무수한 장애물을 잘 넘을 수 없다. 100세 시대를 살면서 소득은 한정적이고 해결해야할 재무목표는 많다. 선택과 집중을 통한 합리적인 가계운영이 꼭 필요하다. 한 사람만 고민하고 노력한다고 해서 해결 가능한 문제가 아니다. 목표를 세울 때부터 부부가 제대로 된 대화를 통해 협력해야 문제 해결이 가능하다. 함께 무진 애를 써도 어려운데 따로 움직이면 결과는 뻔하다. 이 책을 읽는 독자분이 2030부부든 4050부부든 관계없이 재무대화의 필요성을 깨달았다면 지금부터라도 제대로 된 목표를 세우고 같이 노력해야 한다. 늦었다고 생각할 때가 가장 빠를 때고 시작이 반이다.

부부가 재무대화를 할 때 꼭 염두에 둬야 할 내용을 가다듬어 2019년 5월 출간했던 전작인 《3인 가족 재테크 수업》에 〈부부 재무 대화 10계명〉이란 제목으로 실었다. 위에 언급한 내용에 더해 10계명만 잘 활용해도 부부가 돈에 대한 대화의 달인이 되리라 믿는다. 이 책에 다시 인용했으니 참고해보자.

부부 재무 대화 10계명

1 부부의 행복이 돈보다 중요하다.
: 한 사람이 행복해도 다른 사람이 행복하지 않으면 부부가 행복한 게 아니다.

2 가족의 돈은 버는 사람만의 돈이 아니다.
: 누가 벌든 그 돈은 가족의 돈이다.

3 돈 때문에 싸우지 말자.
: 돈은 부부의 사랑을 키우고 꿈을 이루는 수단일 뿐이다.

4 돈에 대해 정직하자.
: 돈 때문에 잃은 신뢰는 사랑도 무너뜨린다.

5 빚으로 욕망하는 것을 탐하지 말자.
: 욕망은 곧 절망으로 바뀐다.

6 부부간에 월급이 많다고 뻐기지 말고 월급이 적다고 기죽지 말자.
: 부부는 공동 운명체다.

7 잘사는 친구와 비교해 상처 주지 말자.
: 비교는 불행의 시작이다.

8 양가 가족에 대한 지출은 부부의 동의하에 지출하자.
: 소액의 비자금은 눈감아주자.

9 배우자의 지갑을 몰래 열어보면서 사랑이라고 착각하지 말자.
: 부부간에도 프라이버시는 있다.

10 한 달에 한 번은 격식을 차려 재무상황에 대해 진지하게 대화하자.
: 설사 현실과 대면하기 싫을지라도.

5

엄마 친구에게
보험을 가입해도
제대로 알고 가입해라

대조 효과

계륵 같은 보험 잘 알고 가입하면
새는 돈 막을 수 있다

ᾧ ᾧ ᾧ

이 책을 집필하게 된 동기가 있다. 소비자의 심리를 이용해 판매원에게 상품이나 물건을 잘 파는 방법을 알려주는 책은 서점에 무수히 많다. 반면에, 소비자를 현혹시켜 상품을 판매하는 판매원들의 판매 전략과 전술을 잘 알려주고 경계심을 키워 그들의 집요한 공격에 대비케 하는 책은 별로 없어서이다.《손자병법》〈모공편〉에 '적과 아군의 실정을 잘 비교 검토한 후 승산이 있을 때 싸운다면 백 번을 싸워도 결코 위태롭지 않다'는 '지피지기 백전불퇴(知彼知己 百戰不殆)'라는 한자 성어가 실려 있다. 판매원이 소비자의 심리를 이용해 판매하는 방법을 잘 알면 생각하지도, 알아차리지도 못한 상황에서 꼭

필요하지 않은 상품을 사고 난 후 후회하는 일은 한결 줄어
든다.

판매자가 사용하는 일반적인 기술 중에 '산꼭대기에서 데
리고 내려오기'라는 설득방법이 있다. 흔히 고객은 '좋은 것,
더 좋은 것'하면서 비싼 것을 볼수록 욕심이 하늘 높은 줄 모
르고 올라가는데, 이때 마음이 붕 뜬 고객을 현실로 데리고
내려와야 판매에 성공한다는 불문율이다. 사람은 욕심 많은
동물이라 좋은 것을 보고나면 처음에 봤던 것이 성에 차지
않아 시큰둥해지게 마련이다. 따라서 판매자는 적절한 순간
에 구매를 제어해야 한다. 이때 말을 재치 있게 전달하면 고
객은 판매자를 자기편으로 인식한다.

"아직은 그렇게까지 비싼 것을 사지 않아도 됩니다. 그 정
도 고급사양은 필요 없을 겁니다. 이 정도로도 충분합니다."

이런 말을 들으면 속으로 '이 판매자가 내 지갑 걱정까지
해주는구나' 싶어서 마음을 놓는다. 특히 가전매장 판매자들
은 고객에게 최고가를 권하지 않는다. 그들은 고객의 표정과
말투 등의 반응을 실시간으로 살피면서 적당한 가격 선에서
제품을 권한다. 〈장문정,《팔지 마라, 사게 하라》22-23p〉

유명 쇼핑호스트이자 설득심리언어의 마술사인 장문정의 베스트셀러인 《팔지 마라, 사게 하라》에 나오는 내용이다. 책 제목처럼 소비자가 자동으로 상품을 사게끔 만드는 비법들로 가득 차있는데 그중에 한 가지 일뿐이다. 섬뜩하지 않은가? 여태껏 TV든 가구든 상품을 사러 갔던 수많은 매장에서의 기억이 주마등처럼 스쳐지나가지 않는가? 나를 배려해주는 친절한 판매원이라고 생각했던 그들은 당신이 물건을 빨리 사게 만들려고 마치 당신을 위해주는 척했을 뿐이다. 그들에게 당신의 지갑 사정과 당신이 원하는 취향은 고려대상이 아니다. 살지 말지를 망설이는 당신에게 무림의 고수가 초식을 펼쳐 순식간에 적을 제압하듯이 당신이 구매선택을 빨리 할 수 있게끔 최적의 멘트를 시전 할뿐이다. 이 책을 누가 읽겠는가? 당신이 어제도 오늘도 내일도 수많은 매장에서 마주치는 판매원들이나 당신을 찾아와 수단과 방법을 가리지 않고 상품을 팔려는 판매원이 독자다. 그들에게 대적할 수 있는 방법을 알려주는 이 책을 꼼꼼히 읽어야하는 이유다. 나를 제대로 파악하고 당신에게 상품을 팔려는 판매원의 심리나 판매전략과 전술을 잘 알아야 똑똑한 소비자가 될 수 있다. 그래야 당신의 지갑도 오롯이 잘 지킬 수 있다.

올 초에 상담 받았던 28세의 노수진씨는 나를 만나기 몇 년 전에 엄마 친구를 통해 CI 종신보험에 가입했다. 엄마 친구를 통해 보험을 가입한 대부분의 고객들이 그러하듯이 수진씨도 자신이 가입한 보험의 내용을 잘 몰랐다. 급여통장에서 자동적으로 빠져나가게 이체를 걸어 놓았기에 보험가입 내용은 별로 신경 쓰지 않았다. 가입할 때 보험료가 다소 비싸다는 생각은 했지만 엄마 친구가 어련히 알아서 좋은 상품을 잘 골라 가입시켜 주셨을 거라는 막연한 믿음을 가지고 지냈다.

상담 중에 "매월 17만 원 조금 넘게 내는 보험료가 28세 여성으로는 너무 많고 사망하거나 암이나 성인병 같은 큰 병에 걸리지 않으면 보험 혜택을 볼 수 없다. 암이나 뇌졸중에 걸려도 다른 보험과는 달리 무조건 보상해주는 것이 아니라 보험약관에 적혀있는 기준을 맞추지 못하면 보상받지 못한다. 더 큰 문제는 이 보험 하나로는 보장이 부족하기 때문에 아프거나 다쳤을 때 실비 보상이 되는 실손 의료비와 부족한 내용들을 포함해 다른 보험을 더 가입해야 한다. 보험가입 원칙은 저비용&고효율이다. 20대 미혼 여성이 이 상태에서 보험을 추가로 가입해 보장성 보험료로만 매월 20만 원 넘게 불입하는 것은 낭비다. CI 종신보험은 해약하고 단독 실손 의료비 보험과 사망보다는 암이나 성인병 및 꼭 필요한 보장항목들을 담아 월 7~8만 원 정도 보험료를 불입하는 조건으로 다시 보험에 가입하는 게 좋겠다."고 조언했다.

수진씨는 내 조언을 듣고 난감해했다. 엄마 친구가 알아서 좋은 보험에 잘 가입시켜줬다고 생각했는데 사실은 그게 아니라니 당황스러웠다. 보험을 해약하고 새로 가입하기도 쉽지 않다. 지금 해약하면 그동안 불입한 보험료 중에 많은 금액을 돌려받지 못하니 속이 쓰렸다. 엄마나 엄마 친구에게 해약하겠다고 말하는 게 난감하기도 했고 보험 해약으로 엄마 친구가 피해를 볼까봐 마음에 걸렸다. 엄마와 엄마 친구는 오랜 친구인데 이 일로 두 분 사이가 불편해질까봐 조심스럽기 때문이다. 그렇다고 보험을 추가로 더 가입하는 것도 부담스럽다. 가입한 보험이 좋지 않다는 조언을 들은 상황에서 지금처럼 계속 끌고 가기도 찝찝하다. 진퇴양난이었다. 며칠 생각해보고 연락하라는 이야기로 보험 리모델링 문제는 일단락 지었다.

보험 리모델링을 난감해하는 수진씨에게 보험 가입할 때 상황을 자세히 물어봤다. 어릴 때부터 잘 알던 엄마 친구가 교통사고로 남편과 사별해 생계가 막막해지자 보험회사에 취직했다. 엄마의 친한 친구고 사정이 딱했기에 엄마가 보험을 들어줬으면 좋겠다는 뜻을 넌지시 비쳤다. 마침 보험이 없었기에 가입하기로 하고 엄마 친구를 만났다. 엄마 친구가 맨 처음에 보여준 가입 설계서의 보험료는 21만 7000원이었다. 보험료로 최대 10만 원 정도를 생각하고 나왔는데 21만 7000원은 너무 부담스러웠다. 난감한 표정을 지으면서 너무 비싸다고 말하자 "이 정도 보장은 받아야 제대로 받는데, 나중에 연금으로 써도 되고" 하시면서 가방에서 다른 가입 설계서를 꺼냈다. 그 가입 설계서에 적힌 금액이 현재 가입한 보험의 월 보험료였다. 속으로는 그 가격도 부담스럽다고 생각했지만 먼저 보여준 금액대로 가입하자고 할 것 같기도 하고 같은 여자 입장에서 남편을 잃고 친구 딸에게까지 보험 영업을 하면서 가정을 책임져야하는 엄마 친구 처지가 딱해 보여 결국 17만 1000원을 불입하는 조건으로 보험에 가입했다.

차례로 제시된 두 사물 사이의 차이점을 인식해 앞, 뒤 상황에 따라 결정에 영향력을 행사하게 만드는 것을 대조효과라 한다. 앞에 큰 충격을 줘 상대적으로 뒤의 충격이 아무렇지 않게 만들거나 앞, 뒤의 상황을 비교해서 결정할 수 있게끔 영향력을 행사한다. 엄마 친구가 영업방법을 교육받았는지 아니면 그동안 영업하면서 경험적으로 익힌 건지는 알 수 없지만 대조효과를 활용했다. 두 개의 가격만 제시했고 두 개의 가격 모두 수진씨가 처음 생각했던 것보다 보험료가 더 컸다. 먼저 수진씨가 부담스러울 정도의 높은 가격을 제시해 큰 충격을 주고 난 후 수진씨가 조금 부담스럽다고 해도 받아들일 정도의 가격을 제시했다. 두 개의 가격만 생각하고 비교할 수 있게끔 분위기를 만들었다. 수진씨는 그 때부터 양자택일을 해서 최종적으로 한 개를 결정하는 데만 온 신경을 집중했다. 결국 엄마 친구의 의도대로 수진씨는 이 정도면 선방했다는 느낌으로 상대적으로 낮은 가격의 보험을 선택했다. 보험판매를 성공하기 더 쉬웠던 이유는 수진씨를 어려서부터 봐왔고 자신한테 보험을 가입할 거라는 확신이 있었기 때문에 배짱 좋게 두 개의 가격만으로 밀어 붙일 수 있어서다. 까다롭거나 주관이 강한 고객이라면 자기가 생각한 가격 범위 내에 있는 또 다른 대안을 요구했겠지만 수진씨에게는 그럴 필요가 없었다.

반대로 처음에 판매원이 가격이 싸고 기능이나 품질이 떨어지는 상품을 의도적으로 보여줬다가 그 다음 단계에서 가격은 비싸지만 기능이나 품질이 더 뛰어난 상품을 보여주면 자연스럽게 후자에 더 마음이 가게 된다. 대조효과를 이용한 판매방법에 휘둘릴 가능성이 높아진다. 경계경보가 울려야 한다. 이런 판매자의 심리전술에 당하지 않으려면 상품을 구입하러 가기 전에 본인이 필요한 게 어떤 건지 예산을 얼마까지 허용할 수 있는지에 대해 구체적으로 생각하고 난 후에 판매원을 만나야 한다. 처음부터 필요한 것을 구입하기 위한 예산을 잘못 정했다면 예산을 수정해 구매하면 되지만 판매원의 권유에 따라 처음에 구입하려고 했던 것과 다른 상품으로 마음이 쏠리면 일단 그 자리를 벗어나는 게 좋다. 집에 돌아와 냉정하게 본인 생각을 다시 한 번 들여다봐야 한다. 그래서 마음이 바뀌면 원하는 것이 바뀐 거니 어쩔 수 없겠지만 상품을 구입하러 가기 전의 생각으로 다시 돌아왔다면 처음에 사려고 했던 상품과 예산을 고수하면 된다.

상품을 사러갔는데 일시 품절로 원했던 것이 없다면 구매를 다음으로 기약하든지 본인의 생각을 정확하게 판매원에게 설명해주고 자신의 의도와 비슷한 상품을 판매원이 준비해오도록 만들어야 한다. 특히 보험 상품은 내용이 어려운 데다가 보험 설계사마다 강조하는 중요점에 차이가 있다. 객관적인 정보를 모아 놓고 생각을 정하고 나서 보험 설계사를 만나야 한다. 원칙과 기준을 세워놓고 어떤 상황에서라도 그 원칙과 기준에 따라 행동해야 수진씨처럼 잘못된 보험에 가입한 후 마음고생을 하지 않는다.

보장성 보험 잘 가입하는 방법

상담을 할 때마다 느끼지만 소비자에게 보험 상품은 참 어려운 상품이다. 보장성 보험에 이 정도면 됐다 싶을 정도로 잘 가입한 사람은 드물다. 대부분 과하거나 부족하거나 없거나 셋 중에 하나에 해당된다. 잘못 가입한 보험에 내용도 잘 모르면서 돈만 불입하는 사람이 있는 반면 보험이 꼭 필요한데 보험에 대한 불신이나 당장 어렵다고 보험을 가입하지 않거나 해약한 경우도 안타깝기는 매 한가지다.

강의나 상담할 때 반복해서 하는 이야기가 있다. "60세 이전에 사망하거나 암이나 뇌졸중 같은 성인병에 걸릴 확률은 10명 중에 1~2명 꼴 밖에 되지 않는다. 60세까지 아무 일도 일어나지 않을 대부분의 8~9명에 해당된다면 보험에 가입할 필요가 없겠지만 아직 자산이 형성되지 않았고 아이가 어린 상황에서 만일 그 나머지 1~2명에 해당된다면 가계에 치명적이다. 혹시 모를 그 1~2명에 내가 속할까봐 비용을 들여 보험에 가입해야 한다. 이런 이유로 보장성 보험은 저비용&고효율 원칙에 따라 꼭 필요한 보장내역만 가입하고 나머지 여윳돈은 저축이나 투자를 해서 돈을 모으고 불리는 게 더 현명한 선택이다."라고 말한다. 대부분 고개를 끄덕 끄덕하지만 한

편으로는 "그럼 보험 가입은 어떻게 하는 게 좋다는 거야?"라는 의문을 눈에 가득 담고 있다. 보장성 보험을 제대로 가입하는 방법에 대해 살펴보면 그 의문으로 가득한 눈에 어려 있는 의구심이 사라질 것이다.

첫째, 보험회사만 좋은 일시키지 말고 내 돈은 내가 굴리자.

꼭 필요한 보험에 최소비용으로 가입하고 나머지 여윳돈은 저축이나 투자를 해서 돈을 모으는 게 더 낫다. 현재 월 보험료로 20만 원을 내고 있다고 가정해보자. 이 보험을 꼭 필요한 보장만 남기고 대신 보험료를 10만 원으로 줄일 수 있다면 어떤 효과가 있을까? 보험의 납입기간을 대개 20년으로 설정하는데, 보험료 20만 원을 10만 원으로 줄이면 "줄인 보험료 10만 원×12개월×20년=원금만 2,400만 원"이다. 꼭 필요한 보장은 보장대로 받으면서 추가로 2,400만 원을 모을 수 있다. 이렇게 줄인 돈으로 적금이나 적립식 펀드에 가입하면 모을 수 있는 금액이 더 커진다. 보험을 가입하지 않거나 부실하게 가입하는 것도 문제지만 과하게 가입해 쓸데없이 돈을 낭비하는 것도 문제다.

가입자의 사망으로 보험계약이 종결되거나 가입자가 보험을 중도에 해약하지 않는 한(중도에 해약하면 대부분 불입한 돈의 일부를 해약환급금으로 돌려받고 보장은 더 이상 받을 수 없다) 보험회사는 가입자가 매달 불입하는 보험료를 굴려서 수익을 올린다. 수익은 가입자에게 나눠주는 것이 아니라 온전히 보험회사 몫이다. 보험금 지급사유가 발생할 때만 보험금을 준다. 가입자가 쓸데없는 보험료를 많이 내면 낼수록 보험회사 이익은 더 커진다. 하지만 줄인 보험료 10만 원으로 내가 모으고 불린 돈은 보험회사와 관계없이 온전히 내 소유다. 보험료를 쓸데없이 많이 내서 보험회사만 좋은 일시키지 말고 꼭 필요한 만큼만 보험에 가입해 피 같은 내 돈은 내가 잘 지키자.

둘째, 해약환급금에 집착하면 보험료를 더 많이 내야 한다.

보험에 가입할 때 자신에게 딱 맞는 보험을 선택하기 위해 보장 항목을 꼼꼼히 따져보는 게 해약환급금에 집착하는 것보다 훨씬 더 중요하다. 잘 가입한 보험은 중간에 해약할 필요가 없다. 중간에 해약하면 보장을 더 이상 받을 수 없기 때문에 대안 없이 해약하면 절대 안 된다. 해약 환급금을 많이 받으려면 간단하다. 보험료가 비싼 주계약 보장금액을 쓸데없이 크게 하거나 불필요하게 납기를 짧게 해서 보험료를 많이 내면 된다. 종신보험을 비롯한 대부분의 보험은 사망과 동시에 사망보험금 지급으로 상황이 종결된다. 보험료를 더 많이 냈다고 사망보험금에 내가 낸 보험료를 더 해서 주지도 않는다.

만기가 있는 보험은 만기 때 물가상승에 따라 화폐가치가 하락한 쥐꼬리만 한 불입 원금 수준의 만기 환급금을 받게 된다. 해약하려고 보험에 가입하는 것이 아니기 때문에 가입한 보험 안에 쌓여있는 돈에 큰 의미를 두지 말자. 해약 환급금에 집착하면 쓸데없이 비싼 보험료를 내야한다는 점만 잘 기억하면 된다.

셋째, 인플레이션에 따른 보험금 가치 하락을 염두에 둬라

보험을 여러 개 가입하고 적지 않은 보험료를 내고 있지만 상대적으로 확률이 적은 질병으로 사망할 때 대략 5,000만 원에서 1억 원 정도 보험금을 받을 수 있는 보험에 가입한 사람들이 대부분이다. 경제적 가장이 질병으로 사망하기라도 한다면 이 정도 보험금으로는 지금도 충분하지 않다. 35세 남성이 질병으로 사망할 때 1억 원을 보험금으로 받을 수 있는 종신보험에 다른 특약들을 포함해 월 20만 원씩 20년간 보험료를 불입하는 조건으로 가입했다고 가정해보자. 20년 동안 총 불입하는 보험료는 원금만 4,800만 원이다. 물론 시간이 경과할수록 내가 내는 보험료 가치는 떨어진다. 지금 20만 원은 10년 후나 20년 후에도 현재의 20만 원 가치를 유지하는 게 아니라 훨씬 줄어든다. 내가 내는 보험료와 마찬가지로 사망 보험금도 시간이 경과할수록 가치가 떨어진다. 물가상승률을 연간 3%로 가정하면 24년 후인 59세에는 사망보험금 가치가 1억 원에서 5,000만 원으로 쪼그라든다. 이해가 잘되지 않으면 고등학교 시절 친구와 중국집에서 짜장면 한 그릇을 먹기 위해 지불했던 금액과 지금 그때와 별 차이 없는 짜장면 한 그릇을 먹기 위해 지불해야하는 금액 차이를 비교해 보면 쉽게 이해할 수 있다. 짜장면 한 그릇의 가치는 변함이 없지만 지불해야 할 금액은 커졌다. 다시 24년 후인 83세에는 반으로 더 쪼그라들어 사망보험금이 현재 가치로 2,500만 원이 된다. 시간이 흐르면 흐를수록 물가가 상승함에 따라 화폐가치가 하락해 보험금은 점점 푼돈이 된다.

미리 인플레이션을 걱정해 먼 훗날에 실질적인 보험금을 받겠다고 지금 더 많은 보험료를 지불하는 것도 합리적이지 않다. 불확실한 미래를 대비하기 위한 보험 보다 아이들 교육비나 노후 등 반드시 발생하는 사건을 준비해야하는 부담이 더 크다. 비용과 편익을 생각해야 한다. 반복해서 말하지만 60세 이전에 사망이나 암 같이 큰 질병에 걸릴 확률은 10명 중에 운 나쁜 1~2명에 속할 뿐이다. 차라리 그럴 돈으로 저축을 해서 인플레이션으로 줄어드는 보험금 가치를 보전하는 것이 확률적으로는 더 현명한 선택이다. 정말 운 나쁜 1~2명에 속할 가능성이 전혀 없는 것은 아니기에 꼭 필요한 보험은 가입하되 보험료는 가능하면 합리적으로 내고 미래를 위해서는 보험이 아닌 저축이나 투자로 목돈을 모아 그 때를 대비하는 게 더 현명한 선택이다.

넷째, 80세 만기 상품을 100세 만기로 바꿀 필요는 없다.

100세 시대라고 사방팔방에서 말하고 있지만 지금 태어나거나 초등학교를 다니는 아이들을 제외하고는 실질적으로 100세까지 사는 사람은 별로 없을 거라고 생각한다. 100세 시대라는 용어는 소비자보다는 판매자가 마케팅을 위해 만든 용어로 생각되지 않는가? 나는 그렇다고 생각한다. 몇 년 전만해도 보험은 80세 만기 상품이 주를 이뤘는데(종신보험이라도 사망 보장만 종신이지 부가되는 특약은 80세 만기가 일반적이다) 갑자기 100세 만기 상품이 출시되면서 80세 만기 보험 상품을 100세 만기로 갈아타라는 권유를 많이 받는다. 80세 만기 상품을 보유한 보험 가입자들이 그런 권유를 받아 보니 그래야 할 것 같아 기존 80세 만기 보험을 해약하고 100세 만기 보험으로 갈아타기도 한다. 앞에서 언급했듯이 인플레이션에 따른 화폐가치 하락을 감안하면 80세에 받는 보험금이나 100세에 받는 보험금이나 대세에 큰 지장이 없는 똑같은 푼돈이다. 게다가 여태까지 보험료를 불입했던 시간은 다 날아가고 다시 20년을 새로 불입해야 한다. (80세 만기나 100세 만기 모두 20년 납을 선택한다고 가정할 때). 게다가 새로 보험을 가입하는 시점의 나이 증가로 처음에 가입했던 보험료보다 더 비싼 보험료를 다시 20년 동안 내야한다. 차라리 그 차액을 따로 모아 80세 이후를 대비하는 게 합리적이다. 보험에 새로 가입하는 사람은 혹시 모르니 100세 만기 상품에 가입하는 게 낫겠지만 기존 80세 만기 가입자는 100세 만기 상품으로 갈아탈 필요가 없다. 110세 만기 상품을 판매하는 보험회사도 있는데 소비자들에게 110세 만기까지는 아직 감이 잘 안 오니 그런 선택을 하는 가입자는 별로 없다. 방송이나 신문 등에서 매일 110세 시대라고 강조하면서 소비자를 자극해 의식을 변화시킨다면 모를까.

다섯째, 안 내고 안 받는 것도 유리한 방법이다.

질병이나 상해로 병원에 입원하면 입원 하루당 정액을 지급하는 보장 항목이 상해/질병 입원일당이다. 상해/질병으로 입원해 하루에 2만 원(일당은 정하기 나름이다)의 입원 일당을 받으려면 월 보험료로 15,000원을(나이에 따라 이보다 적을 수도 클 수도 있다) 납입해야 한다고 가정해보자. 1년 동안 내야하는 보험료를 더하면 180,000원이다. 질병이든 상해든 매년 9일을 입원해야 납입한 보험료만큼 보험금으로 받을 수 있다. 대부분은 매년 9일씩 입원하지는 않을 거다. 실손 의료비가 없다면 모를까 실손 의료비가 있는 상황에서는 입원일당에 대한 비용과 편익을 고려해본 후에 가입을 결정하는 게 유리하다. 내담자들에게 보통 이렇게 설명하면 대부분 안 내고 안 받는 것을 선택한다. 보험의 보장 항목들 중에는 이렇게 반드시 비용과 편익을 따져야 할 항목들이 많다. 특히 손해보험 상품 가입을 고려한다면 보장 항목의 개수가 많기 때문에 명확한 기준을 세워 꼭 필요한 보장항목만 선택해야 작아 보이는 돈이라도 누수를 막을 수 있다.

여섯째, 형편이 어려우면 실손 의료비 단독형이라도 가입하자.

재무설계 일을 오래 하다 보니 안타까울 때가 자주 있다. 부채가 많거나 형편이 어려워 보험에 가입하지 못하거나 가입했던 보험을 해약한 서민들에게 보험사고가 발생할 때이다. IMF 사태나 글로벌 금융위기 시절을 돌이켜 보면 형편이 어려워지거나 가정 경제를 긴축해야겠다고 마음먹을 때 제일 먼저 줄이려는 지출항목이 매달 따박따박 빠져나가는 보험료다. 지금처럼 코로나바이러스감염증으로 경제가 불황인 시기에는 보험 해약이 줄을 잇는다. 돈이 아깝다고 그동안 아무 일도 생기지 않았다고 무작정 보험을 해약하면 안 된다. 보험이라도 있어야 만일의 불행한 일이 생겨도 최악의 상황을 면할 수 있지만 보험을 해약하는 순간 무방비 상태가 된다. 보험은 형편이 어려울수록 더 잘 유지해야 한다. 부자는 재산 증식이나 절세가 목적이 아니라면 굳이 보험에 가입하지 않아도 된다. (실제로는 부자들이 보험에 더 많이 가입한다) 부채가 많거나 형편이 어려운 사람들이 보험마저 없으면 아프거나 다쳐도 돈이 없어 치료를 받지 못하거나 치료비를 대느라 가뜩이나 어려운 살림이 더 깊은 수렁에 빠진다.

쓸데없는 보험은 정리해라. 그래도 부담이 되면 꼭 필요한 보장 항목만 남기고 뺄 수 있는 기준선(보험회사마다 제한 조건이 있다) 내에서 부분 해약하라. 그것마저 어려워 다 해약해야한다면 실손 의료비는 보장 받을 수 있는 실손 단독형 상품이라도 가입해야 한다. "설마 그런 일이 나나 내 가족에게 일어날까?"라고 생각하겠지만 사고나 질병은 누구에게라도 예고하지 않고 찾아온다. 실손의료비 보험만 가입해도 질병이나 상해로 입원할 때 10%(최대 200만 원)의 자기부담금을 제하고 5,000만 원까지(최대 4,800만 원) 입원비와 치료비를 보장 받을 수 있고, 통원할 때는 병원 등급에 따라 정해진 자기 부담금을 제하고 (개인의원 1만 원, 중형병원 1.5만 원, 대학병원 2만 원, 약 값 8,000원) 30만 원까지 통원비와 약값을 보상 받을 수 있다. 보험회사마다 차이가 있겠지만 35세 남성이 가입하면 월 보험료가 9,900원, 35세 여성은 월 11,700원 정도만 부담하면 된다.

일곱째, '갱신형'보다는 '비갱신형'으로 가입하라.

보험료를 정해서 불입하는 방식에는 갱신기간을 정해 놓고 갱신할 때마다 보험료를 다시 산정해 보험료가 변동되는 '갱신형'과 처음에 정한 보험료가 납입기간 동안 변동되지 않는 '비갱신형'이 있다. '갱신형'은 갱신되는 시점에 연령의 증가나 동일 보험을 가입한 보험가입자에게 보험금을 지급한 비율인 손해율 변동에 따라 보험료가 변동된다. 나이가 올라가면 보험료가 올라가고 손해율이 상승하면 마찬가지로 보험료가 올라간다. 특별한 예외가 없는 한 대부분 갱신 시점마다 보험료가 올라간다고 보면 된다. 반면에 '비갱신형'은 처음 가입할 때 만기까지 위험을 고려해 평균 보험료가 정해지기 때문에 납기동안 처음 계약할 때 정해진 보험료를 동일하게 내면 된다. 보험가입자 입장에서는 특별한 사정이 없는 한 보험회사의 상품규정에 따라 반드시 '갱신형'으로 가입해야 하는 것 말고는 보장 기간 동안 보험료가 변동되지 않는 '비갱신형'으로 가입하는 게 유리하다. 그래야 앞으로 보험료가 얼마나 오를지 예측할 수 없는 위험을 방어하고 불확실성을 예방할 수 있다.

보험료가 저렴한 '갱신형'으로 가입하는 게 필요할 때가 있다. 경제 상황이 여의치 않아 보장은 필요한데 보험료 낼 여력이 없을 때다. 그렇지 않으면 이미 보험은 있지만 지인의 사고나 중대 질병을 목격하고 불안감이 증폭됐을 때이다. 적은 보험료로 그 불안을 누를 수 있다. 그 불안감이 사라지면 언제든지 해지해도 되고 갱신 시점에 가서 갱신할지 말지를 결정하면 된다. '갱신형'과 '비갱신형'에 대한 내용은 마지막 장에 다시 한 번 구체적으로 다뤘으니 그 내용을 참고하면 더 잘 이해할 수 있다.

여덟째, 실손 의료비는 100세 까지 연장하지 못할 수도 있다. 의료비 통장을 따로 만들어라

35세 남성의 경우 실손 의료비 단독형에 가입할 때 월 보험료가 9,900원 정도다. 1년 마다 갱신할 때는 보험가입자의 나이와 손해율에 따라 보험료가 변동된다. 현재 보험료 기준

으로 50세 남성은 월 보험료가 18,070원, 60세 남성은 29,960원 정도다. 갱신 시점마다 보험료가 올라간다고 해도 비갱신 보험료 불입이 완료돼 갱신 보험료만 불입하면 되기 때문에 60세~70세 까지는 현재 보험료 기준으로는 크게 부담스럽지 않아 보인다. 하지만 80세나 100세까지 계속 갱신을 할 때는 부담 수준이 달라질 수 있다. 보험회사가 현재 손해율 기준으로 갱신할 때마다 나이 증가에 따른 보험료 증가분은 예상할 수 있겠지만 미래의 손해율을 예측해 나이 증가에 따른 보험료 증가분을 예측하기 어려울 거다. 70세~80세~100세까지 계속 갱신하는 과정에서 보험료가 너무 올라 보험료를 불입하기 어려울 정도라면 비용과 편익을 고려해 갱신 여부를 결정해야 할 수도 있다. 이런 위험을 대비해 여유가 될 때 의료비 통장을 별도로 만들어 놓는 것이 좋겠다. 은퇴 시점을 기준으로 현재가치로 3000만 원 정도만 준비해 놓으면 실손 의료비를 더 이상 갱신하지 못해도 치료비가 없어 치료를 받지 못하는 일은 생기지 않을 것이다. 아니면 이 통장에 있는 돈으로 실손 의료비 보험료를 내는 것도 대안이 될 수 있다. 보험 하나 가입해놓고 평생 안전하다고 생각하지 말고 미래를 대비해 의료비 통장을 별도로 만들어 놓자. 걱정만큼 보험료가 오르지 않으면 그 돈을 헐어서 노후자금으로 사용하면 된다.

아홉째, 보장기간이 너무 짧은 것도 문제다

고객들의 보험증권을 살피다보면 암보험이나 성인병 보험이 나이와 관계없이 10년 만기 10년 납입 또는 20년 만기 20년 납입 조건으로 가입돼 있는 것을 종종 보게 된다. 이런 조건으로 보험에 가입했다면 문제가 심각해질 수 있다. 가입한 보험의 내용을 정확히 알든 모르든 보험이 있다고 생각하기 때문에 더 이상 보험에 가입하지 않는다. 그러다가 보장기간이 끝나면 더 이상 보장을 받을 수 없다. 20년 만기 상품이라면 20년 후에는 보장이 끝나는데 보장을 계속 받으려면 새롭게 보험에 가입해야 한다. 그 때는 나이가 많아져 같은 보장을 받는 조건이라도 보험료를 비싸게 내야 한다. 더 큰 문제는 건강에 이상이 있었거나 가입해야하는 시점에 있다면 보험 가입이 되지 않거나 나쁜 조건으로 가입해야 될지도 모른다. 건강할 때는 내가 보험을 들어주는 '갑'이 되지만 건강이 나빠지면 보험 가입을 원해도 가입이 되지 않거나 조건이 나빠지는 '을'로 신분이 바뀐다. 거짓말을 하지 않는 한 더 이상 건강한 사람과 동등한 조건으로 제대로 된 보험을 가입할 수 없다.

20년 만기 20년 납 조건으로 30세에 암보험이나 성인병을 보장하는 보험에 가입했다고 가정해 보자. 50세 이전에 암이나 성인병에 걸릴 가능성이 높은가? 아니면 50세 이후에 같은 질병에 걸릴 가능성이 높을까? 90% 이상이 후자일 테고 그러면 쓸데없이 보험료만 날린 것이다. 새로 보험에 가입할 수 있어도 30세에 가입할 때보다 나이 때문에 앞으로 더 많은 보험료를 내야한다. 보험은 나이가 많아져 질병에 노출될 위험이 커졌을 때를 대비하기 위해 한 살이라도 적을 때 미리 싸게 가입해서 은퇴 전에 납입을 끝내는 게 최선이다. 지금 당장 보험증권을 확인해보고 이런 조건으로 보험에 가입돼 있다면 오늘이라도 당장 바로 잡아야 한다.

열째, 여러 개보다는 2~3개로 보험가입을 종결하라

어린 시절에 우표 수집하듯이 보험증권을 수집하는 사람들을 가끔 볼 때가 있다. 보험은 여러 개를 가입하면 그 자체가 낭비다. 이럴 경우 보험료가 대개 비효율적으로 구성돼 있어 돈이 줄줄 새게 된다. 가입한 보험마다 사업비가 포함돼 있어 그 사업비의 합이 1~2개를 제대로 가입할 때보다 훨씬 크다. 쓸데없이 보험료를 더 내는 이유가 된다. 여러 개를 가입하다 보면 어떤 보장 항목은 보험마다 다 들어있어 쓸데없이 보험료를 이중 삼중으로 내기도 한다. 더 황당할 때는 병원에 입원했는데 정작 보험금을 받을 수 있는 보장항목이 빠져 있어 보험금을 받지 못할 때다. 보험을 적극적으로 리모델링하지 않는 한 추가적으로 보험을 더 가입하지 않고는 부족한 부분을 보완할 수 있는 대안이 없다.

보험료를 아끼려고 보장을 너무 약하게 구성하는 것도 위험하지만 쓸데없이 과하게 보장을 구성해 보험료를 많이 내는 것도 가정 경제를 위협한다. 만일의 사고나 질병에 대한 사망보장이 꼭 필요한 경제적 가장을 제외한 가족 구성원 대부분은 단독 실손 의료비 보험에 암이나 성인병, 상해 등 필수적인 보장항목을 잘 구성해서 2개만 잘 가입하면 충분하다. (현재 실손 의료비 보험은 단독으로 따로 가입해야 한다) 보험 특약마다 비용 대비 편익을 고려해 효과가 떨어지는 보장항목은 과감하게 제거해야 한다. 아반떼 사러가서 옵션 추가하다 소나타 사고 온 사람처럼 보험료가 얼마 되지 않는다고 불필요한 특약들을 계속 추가하면 내야할 보험료가 계속 불어난다. 가족의 보험료를 합하면 그 차이가 꽤 크다. 그런 다음 자녀가 독립할 때까지 가장만 불의의 사망에 대비해 사망을 보장하는 보험에 추가로 가입하면 된다. 가입한 보험이 목적에 맞게 효과적으로 가입됐는지 꼼꼼히 잘 살펴봐야 한다. 문제를 발견하면 더 늦기 전에 당장 리모델링을 해 보험 가입상태를 제대로 만들어 놓아야 한다.

6

그녀가 계약금이 아까워
사업하다 망하고
빚만 갚고 있는 사연은?

매몰비용 오류

창업에 성공하려면
개업식 이후를 먼저 준비하라

ᴡ ᴍ ᴡ

점포를 개업하기도 전에 수중에 있는 돈을 탈탈 털어 모두 쏟아 붓고 그것도 모자라 대출을 받아 장사를 시작하는 사람들이 의외로 많다. 가족이나 주변 지인들이 무모하다고 말려도 본인은 이미 그 사업에 꽂혀있어 주변 사람들의 만류가 귀에 잘 들어오지 않는다. 충분한 여유자금을 가지고 시작해도 쉽지 않은 게 사업인데 운영자금도 없이 대출까지 받아서 하는 사업이 잘 될 리 없다. 자신만의 독특한 기술이나 아이디어를 가지고 시작하는 사업이 아니라 남들도 다하는 아이템이라면 더 말 할 것도 없다. 생각대로 장사가 잘 되지 않고 계속 큰 손실이 나는데도 여태까지 쏟아 부은 돈이 아까워 장사에 미련을 버리지 못한다. 앞으로도 손실이 예상돼 불안해하면서도 오기를 부린다. 더 이상 손 벌릴 데가 없을 때서야 마지못해 가게 문을 닫는다. 그 때는 이미 늦었다. 빚은 감당할 수 없을 정도로 늘어있고 신용불량자가 되거나 파산 선고까지 받기도 한다. 그제야 정신이 돌아와 후회하지만 아무 소용이 없다. 이미 물은 엎질러졌고 장사를 시작하기 이전의 상태로 다시는 돌아갈 수 없다.

외식업 프랜차이즈 가맹본부에 계약금과 1차 중도금을 지불하고 2차 중도금을 지불하기 몇 일 전에 나를 찾아와 급하게 상담을 받았던 송윤혜씨도 마찬가지였다. 나는 물론 가족이나 지인까지 말리는 장사를 무모하게 고집부리고 시작했다가 6개월 동안 몸고생 맘고생만 실컷 하다가 결국은 가게 문을 닫았다. 그게 끝이 아니었다. 운영자금을 마련하기 위해 현금서비스와 카드론까지 받아 가게에 몽땅 밀어 넣고 폐업 전까지 돌려막기를 하다가 결국은 그 다음 달 돌아오는 카드대금을 막지 못했다. 몇 달 만에 신용불량자(금융채무불이행자)가 됐다. 그 후 몇 달을 카드회사 추심에 시달리다가 친척 회사 경리로 재취업을 했지만 지금까지도 빚을 갚고 있다. 지금에 와서야 그때 '왜 주변 사람들의 말을 듣지 않고 무리하게 빚까지 내서 일을 벌였을까?'라고 가끔 후회하지만 다 부질없다는 것을 잘 알고 있다. 남은 빚을 빨리 갚고 결혼자금을 모으는 게 급선무다.

나를 처음 찾아 왔을 때 송윤혜씨는 중소기업에서 경리로 일하고 있었다. 일이 빡세지는 않았지만 직장에 하루 종일 매어 있어야 하는 것은 여느 직장인과 다름없었다. 180만 원의 월급에 만족할 수 없었고 돈을 더 벌 방법이 없나 고민하던 차에 지인을 통해 외식업 프랜차이즈 영업담당자를 소개 받았다. 낮 시간대에 비어있는 호프집을 점심 뷔페 목적으로 전전대로 알선해주고 음식재료를 공급해 수익을 올리는 프랜차이즈였다.

강남에 있는 100석 규모의 호프집을 전전대해서 오전 11시30분부터 오후 2시까지 1인 당 5,500원에 식사를 제공하는 점심 뷔페를 프랜차이즈로부터 제안 받았다. 솔깃해진 윤혜씨는 며칠도 안 돼 앞 뒤 생각하지 않고 사업하겠다는 결심을 하고 계약서를 작성했다. 총 창업자금은 3,500만 원이 필요했는데 계약금과 수수료로 이미 1,300만 원을 지불했다. 계약 후에 부모님과 상의했지만 부정적인 이야기를 들었고 주변 지인들도 말리는 사람이 더 많았다. 2차 중도금 낼 날짜가 며칠 안남은 상황에 전문가로부터 검증을 받기 위해 급하게 나를 찾아왔다.

윤혜씨와 몇 마디 나누지 않았지만 이 사업은 승산이 없다는 판단이 바로 들었다. 지금 계약을 파기하면 계약금과 수수료로 지불한 1,300만 원을 다 날리게 되는 게 일반적이므로 좀 더 신중을 기해서 꼼꼼히 따져보기로 하고 그날은 일단 윤혜씨를 돌려보냈다.

총 필요자금 3,500만 원 중에 윤혜씨가 조달할 수 있는 최대금액이 2,800만 원이라는 것이 가장 큰 걸림돌이었다. 700만 원은 어찌어찌해서 빌린다고 해도 최소 6개월 동안 운영자금으로 확보할 수 있는 자금이 없었다. 개업발은 있겠지만 점포를 열자마자 바로 장사가 잘될 리 없다. 입소문도 나고 단골이 늘어 장사가 자리 잡으려면 최소 6개월은 필요한데 그 시간을 버틸 수 있는 실탄이 없었다.

사업 타당성 분석을 해보니 인건비를 포함한 고정비와 음식재료비를 감안할 때 주말을 제외하고 한 달 20일 영업기준으로 일평균 150명은 와서 식사를 해야 마이너스가 나지 않는다. 윤혜씨의 인건비와 전 직장 월급 180만 원까지 고려하면 최소 하루에 200명은 입장해야 고생해서 장사를 할 만하다. 그 수준도 큰돈을 버는 정도는 아니다.

100석 규모의 호프집에 두 시간 반 동안 200명이 입장해서 식사를 한다는 것은 직접 장사를 해보지 않았지만 유사한 집에 식사를 하러 간 경험으로는 상식적으로 불가능하다. 2시간 30분 동안 100석이 다 차서 2번을 회전해야 하는데, 손님들이 테이블 자릿수에 맞춰 들어오지도 않을뿐더러 합석이 어려울 때가 다반사다. 1회전에 60~70명 정도가 차면 다행이다.

임대료와 직원 인건비를 포함한 가게 고정비 640만 원과 150명 기준으로 음식 재료비로 900만 원을 더해 1,540만 원이 월비용으로 지출된다. 음식재료비는 일주일이나 10일 간격으로 바로 프랜차이즈에 지불해야 하는데 운영자금이 한 푼도 없다. 장사가 전혀 안 돼도 월 640만 원의 고정비는 무조건 지출해야 하고 음식재료비는 1인당으로 계산해서 지불하는 게 아니다. 매일 100명분이든 150명분이든 주문해야 하고 조리한 음식이라 남으면 반품이 불가능하다.

최악의 경우를 가정해 이런 모든 사항들을 검토해 봤을 때 지금이라도 1,300만 원을 다 잃더라도 음식 뷔페를 중단하는 게 옳다고 판단됐다. 분석한 자료를 보여주면서 지금이라도 포기하는 게 더 나은 데 프랜차이즈 가맹본부에 잘 이야기해서 1,300만 원 중에 일부라도 돌려받을 수 있는 방법을 고민해보라고 조언해 주었다. 하지만 그때까지 지출한 1,300만 원은 계약을 중단할 때 위약금으로 한 푼도 받을 수 없기에 그 돈이 아까워 망설이고 망설이다가 결국은 일을 벌였고 그 지경이 됐다.

사람들은 원래 손실을 피하고 싶어 하는 '손실회피심리'를 가지고 있다. 많은 심리학자들의 연구결과에 따르면 사람들은 손실로 받는 심리적 고통을 똑 같은 정도의 이익을 얻었을 때의 기쁨보다 두 배 정도 크게 느낀다고 한다. 적은 월급을 받으면서도 몇 년 동안 악착같이 모은 돈 중에 거의 절반에 가까운 1,300만 원을 잃게 된 상황에 놓인 윤혜씨는 극심한 고통을 느꼈을 것이다. 원금만 찾으면 장사를 중단하겠다는 생각을 했을지도 모른다. 그런 '손실회피심리'가 결국은 윤혜씨를 더 큰 고통의 나락으로 떨어지게 만든 주범이다.

또, 개인이 어떤 행동을 선택했을 때 그 결과가 만족스럽지 않아도 그동안 투자한 노력이 아깝거나 그것을 정당화하기 위해 더욱 깊이 개입해가는 의사 결정 과정을 '매몰비용오류'라고 한다. 윤혜씨를 말리면서 이런 심리적인 오류에 대해 예를 들어 설명해 주면서 창업을 누구이 말렸다. 하지만 윤혜 씨는 불안해하면서도 프랜차이즈에서 알려준 '잘 되는 다른 가맹점'을 예로 들면서 상황을 낙관적으로 보려고 애썼다. 자 신의 판단을 정당화해서 나를 설득하기 위해 안간힘을 썼다. 그래야 자신의 불안감을 덜 수 있기 때문이다. 다른 잘 나가 는 가맹점과 자신의 준비 상황이 다르다는 것을 애써 외면했 고 현실을 직시하려고 하지 않았다. 물론, 윤혜씨만 이런 상황 에 몰리는 것은 아니다. 우리 주변의 수많은 사람들이 똑 같 은 심리적인 오류에 빠지고 결국은 끝을 보고나서야 이런 오 류를 인정한다. 그때는 이미 많이 늦었음에도 불구하고.

판단 오류에 빠지게 만드는 이 두 가지 심리기제가 동시에 작동해 충동적이고 판단력이 부족한 윤혜씨를 잘못된 길로 인도했다. 결국 생고생만하다가 몇 년 동안 애써 모은 돈을 다 날렸고 지금까지 빚을 갚고 있다.

처음부터 계약을 하지 않는 게 최선이었다. 이미 계약해 서 1,300만 원을 지불했고 이 돈을 다 날리는 상황에 처했더 라도 앞으로 상황이 더 좋지 않을 것이라 판단된다면 1,300 만 원을 다 잃더라도 장사를 시작하지 않는 게 차선이었다. 이 런 '매몰비용의 오류'라는 심리기제를 잘 이해해서 좀 더 현명하게 판단했다면 1,300만 원만 잃는 것에서 끝났을 것이다. 장사를 시작했더라도 들어간 돈이 아까워 앞으로 잘될 거라는 자기 최면을 걸거나 스스로의 판단을 정당화하지 않고 빚이 늘기 전에 장사를 그만두었더라면 아마 지금까지 빚을 갚느라 고생하지는 않았을 것이다.

가끔, 강의를 하거나 상담할 때 잘못된 금융상품에 가입했는데 해지하면 당장은 큰 손해가 나는 케이스를 만나면 이런 이야기를 한다.

"권리금 1억 원을 내고 들어간 가게가 지난 6개월 동안 매달 500만 원씩 손해가 났고, 앞으로도 마찬가지일 것 같은 상황입니다. 가게를 내 놓아도 권리금 1억 원을 주고 들어오려는 임차인이 없는데 본인이라면 어떻게 하시겠습니까?"

자신의 상황이 아니기 때문에 대부분 이성적으로 판단한다.

대부분 "권리금을 못 받더라도 장사를 그만둬야죠."라고 답한다.

그런데, 이렇게 이성적인 판단을 하는 사람들이 이 상황이 자신의 상황으로 바뀌면 '매몰비용오류'에 빠져 윤혜씨 같은 선택을 한다. 즉, 윤혜씨만 남다른 사람이 아니라 누구나 현실을 직시해 냉정하게 판단하지 않으면 '손실회피심리'나 '매몰비용오류'에 빠져 잘못된 선택을 하게 된다.

윤혜씨처럼 프랜차이즈 가맹점을 하려는 사람들은 사업 전에 어떤 의사결정 과정을 거쳐야 실패하지 않을까? 이 책이 프랜차이즈 창업 관련한 정보를 제공하는 책이 아니라 구체적인 내용을 담지는 않겠다. 더 정보가 필요한 사람은 프랜차이즈 창업 관련한 구체적인 정보가 담긴 책을 찾아 참고하면 된다. 윤혜씨의 사례에 비추어 이 정도는 꼭 알아 두면 낭패를 보지 않겠다는 내용 몇 가지만 살펴보자.

첫째, 자신이 사업자금으로 준비할 수 있는 금액을 상세하게 파악해야 한다.

윤혜씨는 사업에 동원할 수 있는 총 자금이 3,700만 원 정도는 될 거라고 어림짐작했다. 총비용으로 3,500만 원이 필요한 프랜차이즈 계약서에 덜컥 도장을 찍은 이유다. 실제로 현금화 시키려다보니 변액보험에 들어 있는 돈은 해약하면 납입원금의 70% 밖에 받을 수 없었다. 연금저축보험은 해약하면 여태까지 세액공제를 통해 환급받은 돈을 페널티로 토해 내야 했다. 게다가 펀드 수익률도 마이너스 상태로 그 시점에서 펀드를 환매하면 원금이 안됐다. 결론적으로 이런 손실을 모두 감안하니 윤혜씨가 사업을 위해 당장 마련할 수 있는 총자금은 2,800만 원 정도였다. 아마 계약서에 도장 찍기 전에 이 사실을 알았다면 절대 계약을 하지 않았을 것이다.

둘째, 계약서에 도장부터 덜컥 찍지 말아야 한다.

도장을 찍는다는 것은 그 계약서에 명시한 모든 책임을 지겠다는 이야기다. 자기가 판매하는 상품을 나쁘게 말하는 판매자는 없다. 윤혜씨가 덜컥 도장을 찍은 프랜차이즈 계약서를 제안한 프랜차이즈 직원도 마찬가지다. 단점보다는 장점 위주로 컨설팅을 했고 최악의 경우를 가정하기 보다는 장밋빛 전망을 근거로 열심히 권유했을 게 뻔하다. 프랜차이즈 회사 직원의 낙관적인 이야기는 100% 의심부터 해봐야 한다. 실제로 발로 뛰어 시장조사를 하고 사업타당성을 검토해본 후에 가능성이 있을 때만 도장을 찍어야 한다. 판매자는 소비자가 조금이라도 관심이 있다는 것을 눈치 채면 그때부터 소비자를 안달 나게 만드는 기술을 보유하고 있다. 이번 제안이 마지막인 것처럼 느껴지게 만든다. 마치 세상에 한 번 밖에 없는 기회라 놓치면 절대 안 된다고 유혹하지만 실제로는 그런 정도의 제안은 우리 주변에 수도 없이 널려 있다. 이런 판매자의 판매기술에 당해 계약서에 도장부터 찍으면 윤혜씨처럼 수렁에 빠져 헤어나지 못한다. 나중에 잘못 판단한 것을 알고 원점으로 돌리고 싶어도 페널티가 발목을 잡는다.

셋째, 시장조사를 통한 사업타당성 검토를 철저히 해야 한다.

윤혜씨는 시장조사를 충분히 할 수 있었지만 제대로 하지 않았다. 계약서에 이미 도장을 찍어서 그런지 그때까지 시장조사에 별로 관심을 가지지 않았다. 강남에 비슷한 가맹점이 몇 개 있어서 마음만 먹으면 충분히 시장조사를 통해 매출 예상을 대략적으로 해 볼 수 있었지만 프랜차이즈 담당자가 하는 이야기만 막연하게 그러면서도 굳게 신념처럼 믿고 있었다. 동시에 가게 운영비용을 예상해봐야 한다. 임대료, 인건비, 수도, 전기세처럼 매월 고정적으로 들어가는 비용과 예상매출에 따른 재료비를 감안하면 된다. 월 예상 매출에서 월 가게 운영비용을 빼면 월 예상수익이 산출된다. 이 숫자가 사업을 할지 말지를 결정짓는 중요한 핵심키다. 윤혜씨의 경우 최소 일평균 150명 이상이 점심을 먹지 않으면 무조건 적자라 사업을 시작하면 절대 안 된다.

넷째, 6개월 정도의 가게 운영비용을 미리 준비해야 한다.

많은 창업자들이 가게 오픈까지만 온 신경을 집중하지, 오픈 이후 운영비용에 대해서는 예상하고 미리 준비하지 않는다. 초기에는 대개 가족을 비롯해 지인들이 인사치레로 많이 찾아온다. 첫 달 매출이 생각보다 많다보니 앞으로도 잘 될 것 같다는 착시현상을 일으킨다. 하지만 장사가 자리 잡기까지는 시간이 꽤 걸린다. 가게가 입소문이 나거나 단골이 확보될 때까지 필요한 시간이다. 그때까지는 수입보다 지출이 많을 수밖에 없고 이런 상황에 대한 대비책이 반드시 마련돼 있어야 한다. 최악의 경우를 가정하고 최소 6개월 정도의 운영자금이 필요한 이유다. 이런 자금이 마련돼 있지 않으면 부족한 돈 걱정을 하거나 돈을 구하려고 여기저기 뛰어 다니느라 장사에 소홀해진다. 윤혜씨는 막상 뚜껑을 열고 보니 초기 오픈비용이 부족한 것은 말할 것도 없었고 운영비용은 아예 한 푼도 없었다. 매번 현금서비스나 카드론으로 땜질 처방만 하다가 결국은 그것도 할 수 없게 되자 폐업했다. 그럴 시간에 가게 홍보를 하거나 가게가 더 잘 되기 위한 고민을 했다면 6개월도 못돼 폐업하지는 않았을 것이다.

다섯째, 계약서에 적혀 있는 조그마한 글자에 유념해야 한다.

금융상품 홍보자료든 프랜차이즈 가맹 계약서든 항상 조그맣게 적혀있거나 대수롭지 않은 위치에 적혀 있는 내용이 더 중요할 수 있다. 그 내용을 잘 이해하지 못한 채 금융상품에 가입하거나 계약서에 도장을 찍었다가 나중에 문제가 생기면 큰 낭패를 볼 수 있다. 윤혜씨가 도장을 찍은 계약서에도 작은 글씨로 이런 내용이 적혀 있었다. "현재 호프집 주인이 매매를 하거나 건물주에 의한 명도로 매장을 옮기게 될 경우 추가로 400만 원을 부담해야 한다." 윤혜씨가 장사를 아무리 잘해도 전전대 계약이기 때문에 호프집 주인이나 건물주의 임대차 계약여부에 따라 장사를 중단하고 이전해야 할 위험가능성이 있다. 실제로 그런 일이 생기면 그때까지 입소문이 나고 단골을 확보한 것은 아무 소용이 없다. 처음부터 다시 시작해야 하는 것과 마찬가지라 장사를 하는 입장에서는 상당히 큰 위험이다. 그런 위험을 사전에 미리 알고 계약서에 도장을 찍을지 말지를 결정해야 한다.

여섯째, 실수를 확인하는 순간 바로 중단해야 한다.

계약서에 도장을 찍기 전에 필요한 모든 사항들을 꼼꼼히 따져보고 계약여부를 결정하는 게 최선이다. 하지만 사람이 하는 일이다 보니 그 단계에서 발견을 못하고 윤혜씨처럼 계약금과 중도금 일부를 지불하고 나서야 뭔가 잘못되고 있다는 것을 깨달을 때가 있다. 잘못을 발견한 순간 손해를 보더라도 즉시 중단해야 나중에 더 큰 손해를 보지 않는다. 앞에서도 언급했듯이 이때 '매몰비용오류'에 빠져 이미 투자한 돈을 아까워하거나 자신의 판단을 정당화하려고 계속 'GO'를 하게 되면 더 깊은 수렁에 빠진다. 장사를 시작했어도 장차 가망이 없다고 판단되면 바로 그 순간 출구전략을 세워 손해를 최소화시키면서 장사를 접어야 한다. 늦었다고 생각할 때가 가장 빠른 순간이라는 것을 명심해야 심리적 오류에 빠지지 않는다.

일곱째, 기회비용을 감안해야 한다.

창업할 때 기회비용을 감안하지 않는 창업자들이 의외로 많다. 현재 하던 일을 계속 할 때 벌 수 있는 수입과 창업해서 벌 수 있는 수입을 비교해야한다. 윤혜씨는 전 직장에서 월급으로 180만 원을 받았다. 창업을 하지 않았다면 매달 월급으로 받을 수 있는 돈이므로 기회비용이다. 창업비용으로 들어간 2,800만 원에 대한 이자수익과 부족한 700만 원에 대한 대출이자도 기회비용에 포함시켜야 한다. 각각의 기회비용들을 더하면 윤혜씨는 창업해서 최소 월 200만 원 이상을 수익으로 가져갈 수 있어야 손익분기점에 겨우 도달한다. 실제로 사업실패에 따른 리스크까지 감안하면 기회비용의 합보다 최소 두 배는 더 수익이 날 수 있다는 확신이 들 때 창업해야 한다. 주변에서 보면 가족들이 올인해서 장사를 하는 케이스를 가끔 보게 되는데, 이때도 가족의 기회비용을 제대로 따져봐야 사업의 수익성을 올바르게 판단할 수 있다.

여덟 번째로 합리적인 '반대자'를 옆에 두고 '논리와 숫자'로 '반대자'를 설득할 수 있어야 한다.

창업에 대한 의사결정을 할 때 내 이야기를 무조건 들어주고 긍정적으로만 받아주는 사람들은 창업 검토단계에서 별 도움이 되지 않는다. 그런 성향의 사람들은 창업을 하고 난 후에 더 도움이 되는 사람들이다. 이 단계에서는 긍정적인 생각을 가진 사람들보다는 '창업을 해서는 안 되는 이유'를 더 이상 찾을 수 없을 때까지 논리와 숫자를 가지고 계속 반론을 제기하는 합리적인 '반대자'가 더 도움이 된다. '창업을 해서는 안 되는 이유'에 누구나 납득할 수 있는 증거와 자료를 가지고 답을 제대로 할 수 있다면 창업을 해도 무방하다. 먼저 가족이나 지인들 중에 합리적인 '반대자'를 찾아 옆에 두고 창업할 때까지 극진히 모셔라.

아홉 번째로 전문가를 활용해야 한다.

세상이 하도 험해 전문가에 대한 불신이 크지만 잘 모르면 전문가의 코치를 받는 게 좋다. 특히 창업과 같이 큰돈을 투자해야 하는 경우는 더 필요하다. 비용이 들겠지만 전문가와의 상담을 통해 사업타당성 여부를 검증받는 게 나중에 발생할지 모르는 더 큰 손해를 미연에 방지할 수 있다. 윤혜씨처럼 계약서에 도장을 찍고 계약금과 중도금 일부를 지불한 후가 아니라 계약서에 도장 찍기 전인 검토단계에서 상담을 받아야 한다. 크게 일을 저지르고 난 후에 전문가의 상담을 받게 되면 믿고 싶은 것만 믿게 된다. 전문가가 아무리 합리적인 솔루션을 제시해도 이미 지불한 돈이 아까워 자기 합리화를 강화하면서 잘못된 의사결정을 하게 될 확률이 높다. 창업컨설팅을 해주는 전문가를 만나는 것이 어렵다면 1차적으로 나 같은 재무설계 전문가에게 상담을 요청하는 것도 대안이 될 수 있다. 창업아이템 선정이나 입지, 수요예측과 같이 전문적인 창업컨설팅 상담은 어렵지만 최소 계약서를 검토해서 창업 여부를 결정하는데 도움을 줄 수는 있다. 경우에 따라서는 네트워크를 통해 적합한 창업컨설턴트에게 다리를 놓아주기도 한다.

해약하면 원금 손해볼까봐 잘 못 가입한 보험 계속 GO라고요?

보험 리모델링이 필요할 때 '매몰비용오류'와 '손실회피심리'에 빠져 잘못을 바로 수정하지 않고 시간을 늦추면 손해가 더 커진다. 보험은 중도에 해약하면 지금까지 납입한 보험료에 비해 해약환급금이 턱 없이 작다. 그러다 보니 리모델링을 당장 하는 게 이익인 줄 뻔히 알면서도 많이 망설인다. 머리로는 이해하면서도 가슴으로는 쉽게 이해하지 못하는 것이다.

매달 납입하는 보험료가 부담스러워 지난 가을에 상담을 받았던 김경민씨 가족도 보험 리모델링을 망설이다 손실을 더 키웠다. 결혼 5년차인 경민씨는 아내와 두 살배기 아들이 있는 3인 가족의 가장이다. 결혼 전에 경민씨는 친구에게 종신보험을, 아내는 이모에게 CI보험을 가입했다. 결혼 후에 직장 동료가 실손의료비 보험은 꼭 필요하다고 강조하기에 부부가 실손보험에 각각 가입했다. 아내가 임신하자 여러 보험회사 상품을 취급하던 경민씨 선배로부터 생명보험과 손해보험의 장점을 취해 태아보험에 가입하는 게 좋겠다는 권유를 받아 각각 한 개씩 두 개를 가입했다. 가족이 가입한 보험은 총 6개에 매달 지불하는 보험료는 40만 원이다. 아내가 아기 출산을 위해 휴직하기 전에는 보험료가 별로 부담스럽지 않았지만 휴직과 동시에 수입이 줄면서 큰 부담이 됐다. 복직하면 나아질 거라고 생각하고 꾹 참았으나 복직이 무산되면서 이대로는 안 되겠다 싶어 나를 찾아왔다.

상담을 하면서 부부의 답답한 사정을 자세히 알 수 있었다. 지방 출신이면서 서울에 근무하던 부부는 아내가 근무하는 동안 아이를 돌봐줄 친정이나 시집 부모의 도움을 받을 수 없었다. 아내가 퇴근할 때까지 보육을 도와줄 도우미를 구하려고 알아보니 한 달에 150만 원을 달라고 했다. 야근이 잦은 중소기업 경리과에서 근무하던 아내 월급은 200만 원인데 아이를 맡기고 나면 고작 50만 원밖에 남지 않는다. 아이는 아이대로 아내는 아내대로 남편은 남편대로 고생하는 대가치고 50만 원은 너무 적었다. 아내의 일이 전문직이 아니고 나중에 재취업할 때 경력단절이 큰 문제가 될 것 같지 않아 아이가 어린이집이나 유치원에 들어갈 때까지는 회사를 그만두고 육아에 전념하기로 했다. 맞벌이 할 때는 매달 200만 원 이상 저축할 수 있었지만 아이 출산으로 생활비까지 더 드는 상황에서 경민씨 월급 310만 원으로 저축은 어림도 없었다. 보험료로 매월 40만 원을 내는 것이 벅찼다. 아내가 복직하려면 아직 시간이 많이 남았는데 대부분의 보험은 20년 가까이 불입해야한다. 뭔가 잘못하고 있다는 것은 알겠지만 뭐가 문제인지 정확히 알 수가 없어 답답한 상황이었다.

보험을 잘 가입하는 방법에 대해서는 앞에서 이미 언급했으니 참고하면 되고 보험에 대한 내용보다는 리모델링할 때의 경제적 효과와 심리적 오류로 인한 손실 위주로 이야기하겠다. 결론부터 말하면 매월 40만 원씩 불입하는 보험료를 월 19만 원으로 줄이라고 했다. 부부의 종신보험과 CI보험은 해약하고 부부가 가입한 실손의료비 보험만으로는 부족해 각각 새로운 보험으로 보완했다. 두 개를 가입해 월 8만 원씩 내고 있던 아기 보험은 다 해약하고 월 3만 원만 내면 되는 보험으로 바꿔 타라고 했다. 아기보험은 가입할 때 두 상품으로 조립했기 때문에 한 개만 유지하면 부족한 게 있고 그 부족한 부분을 보완하면 보험료가 많이 올라가서 아예 바꿔 타는 게 더 효과적이었다. 전체적으로 줄인 보험료 21만 원으로는 소비성 지출이 아니라 가족의 미래를 위해 적금이나 펀드에 가입해 돈을 모으라고 했다.

부부는 보험료는 대폭 줄이면서 꼭 필요한 보장을 과하지도 부족하지도 않게 잘 받을 수 있다는 사실에 처음에는 상당히 만족했다. 그런데 6년 가까이 낸 부부의 종신보험과 CI 보험을 해약할 때 받을 수 있는 해약환급금을 알아보고 당황했다. 6년 동안 보험료로 총 1,940만 원을 불입했는데 해약하면 50%가 조금 넘는 1,000만 원만 받을 수 있었다. 지금 형편에서 940만 원의 손실은 큰 금액이었고 그 돈을 당장 손해 본다고 생각하니 앞으로 낼 보험료로 얻을 수 있는 이익은 눈에 잘 들어오지 않았다. 손실만 크게 느껴졌다. 이익의 기쁨보다 손실의 고통이 두 배는 더 크게 느껴지는 '손실회피심리'가 부부에게 동시에 작동한 것이다.

다시 한 번 부부에게 구체적인 수치를 들어 설명해줬다. 기존 보험을 유지하면 보험료를 앞으로 평균 16년은 납입해야 하는데 그 기간 동안 총 납입해야 하는 보험료가 원금만 8,320만 원이다. 그런데 보험료를 21만 원 줄이면 매월 19만 원씩 최대 20년 동안 불입한다고 해도 총 원금은 4,560만 원이다. 앞으로 20년 동안 3,760만 원을 줄 일 수 있다. 또한 종신보험과 CI보험을 해약해서 당장 받을 수 있는 해약환급금 1,000만 원을 금리가 높은 저축은행에 예금해 16년 동안 연 2.3%로 굴린다고 가정하면 이자수익만으로 약 311만 원이 만들어진다. 총 4,071만 원을 20년 동안 아끼는 것과 마찬가지다. 이런 계산 근거에 의하면 대략 4년이 채 안 돼 당장 손해

본다고 생각했던 940만 원을 회복할 수 있다.

합리적인 설명에도 불구하고 '손실회피심리'가 작동되기 시작한 부부는 매월 줄인 보험료만큼 미래를 위해 저축할 수 있고 손실도 4년 후면 회복되는데도 당장 940만 원 손해 보는 것을 더 아까워했다. 어차피 보험을 유지하기 힘들어 정리할거면 시간 끌지 말고 지금 당장 하는 게 '매몰비용오류'에서 벗어나는 지름길이라고 윤혜씨의 사례를 들어 설명을 했지만 계속 망설이기만 했다. 결국은 그 자리에서 결정이 나지 않을 것 같아 집에 돌아가 신중하게 검토한 후에 연락하라고 하면서 상담을 마무리했다. 며칠이 지나도 소식이 없기에 경민씨에게 전화를 해봤더니 아직도 고민 중이었다. 결정 나면 연락하라고 다시 말하고 그 후로는 죽 잊고 지냈는데 6개월이 지난 시점에서 리모델링을 결심했다며 도와 달라했다.

경민씨 부부를 다시 만나 6개월 전에 제안했던 솔루션대로 보험 리모델링을 했지만 경민씨의 보험나이가 그새 한 살이 많아져 월 보험료가 1만 원이 올랐다. 결정을 늦게 한 대가는 컸다. 6개월 동안 쓸데없이 납입한 보험료가 매달 21만 원씩 총 126만 원이다. 앞으로 낼 월 보험료는 19만 원에서 20만 원으로 1만 원이 올라 20년 동안 추가로 납입해야하는 보험료가 총 240만 원이다. 더하면 366만 원이다. 6개월 만에 940만 원의 손실을 1306만 원으로 키웠다. '손실회피심리'와 '매몰비용오류'와 같은 심리적 오류에 빠져 잘못된 의사결정을 하거나 잘못된 것을 알면서도 그 즉시 바로잡지 않고 의사결정을 미루면 손실은 더 커지고 손실에 대한 아픔도 비례해서 증가한다. 이런 일이 경민씨에게만 일어났던 특수한 사례는 아니다. 24년 동안 재무설계 현장에서 상담하거나 강연하면서 만났던 많은 사람들이 비슷한 상황에서 똑같은 심리적 오류에 빠져 손해를 키우는 것을 자주 보면서 많이 안타까웠다. 이 책의 독자는 이런 심리적 오류에 빠져 쓸데없이 보험료를 낭비하는 사람이 한 사람도 없었으면 좋겠다.

보장성보험에 대해 잘 알고 처음부터 제대로 가입하면 이런 심리적 오류에 빠질 일이 아예 없다. 그러지 못했다면 처음 잘못을 발견했을 때 머뭇거리지 말고 그 즉시 바로 잡는 게 손해를 줄이는 지름길이다. 비단 보험뿐만 아니라 어떤 일에서든지 무수히 반복 재생되는 답답한 현상이다. 이 책을 읽는 독자들만이라도 이러한 심리적 오류를 제대로 알고 올바르게 대처해 더 이상 손해를 키우지 않는 현명한 결정을 내리기 바란다.

7

wwwwwwwwwwwwwwwwwwwwwwwwwwww

우영씨 부부는 아직도
재무상담 쇼핑을 하고 다닐까?

wwwwwwwwwwwwwwwwwwwwwwwwwwww

현상유지 편향

퇴직연금, 1%의 수익률 차이가
퇴직할 때 1억 차이를 만든다

w m w

　돈을 모으고 불리기 위해 금융상품 이용은 필수다. 금융 상품을 이용할 때 원금이 보장되는 저축 상품이나 원금을 잃을 위험은 있지만 투자가 잘 되면 훨씬 더 많은 수익을 얻을 수 있는 투자 상품 중에 선택해야 할 때가 있다. 이럴 때 정말 위험한 게 무엇인가에 대해 한 번 곰곰이 생각해봐야 한다. 원금을 잃을 위험이 있는 상품은 무조건 위험할까? 원금만 보장되면 무조건 안전한 상품일까? 원금을 보장해줘 안전하다고 생각했지만 물가상승률에도 못 미치는 금리는 화폐가치를 떨어뜨려 실질적으로는 원금을 쪼그라들게 만드는 위험이 있다. 물가상승률이 연 3%라고 가정하면 오늘 현재 10,000원은

1년 후에는 10,300원의 화폐가치가 된다. 오늘 10,000원을 주고 스파게티 한 그릇을 사먹을 수 있다면 1년 후에는 10,300원을 줘야 스파게티 한 그릇을 사먹을 수 있다. 오늘 은행에 10,000원을 예금했는데 은행에서 연 2% 이자를 준다면 1년 후 내 돈은 10,200원이 된다. 안전하다고 은행에 예금을 했는데 1년 후에 찾은 돈으로 오늘 사먹을 수 있었던 스파게티 한 그릇을 사먹으려면 수중에 있는 돈 100원을 더 보태야 한다. 원금을 지켜준다고 해서 은행에 예금을 했는데 실질적으로는 원금을 까먹는다. 안전한 상품인줄 알았는데 인플레이션에 따른 화폐가치 하락이라는 더 큰 위험이 도사리고 있었다. 안전하다고 생각했던 금융상품이 내 원금에 손실을 입힐 수 있기 때문에 금융상품의 '안전'과 '위험'의 실체를 정확히 알고 대처하는 게 상당히 중요하다.

원금이 보장되는 상품과 원금 손실의 위험이 있는 투자상품에 대해 이야기하다보니 몇 년 전에 상담했던 강우영 안서현씨 부부가 떠올랐다. 나에게 상담 받기 전에 이미 몇 군데 보험회사나 재무설계회사에서 재무 상담을 받았었다. 나를 찾아온 이유를 물어보니 보험회사 FC는 보험만 가입하라고 해서 연락을 끊었다고 했다. 재무설계회사 FC로부터는 적립식 펀드와 ELS 등을 추천받았는데 투자상품은 한 번도 경험해 본적이 없었기 때문에 제안한대로 실행했다가 손실을 볼까봐 두려워 더 이상 진행을 하지 않았다고 했다. 부부의 재무목표에는 단기, 중기, 장기 목표가 혼재되어 있기 때문에 단기 목표라면 몰라도 중, 장기 목표를 달성하기 위해서는 나 역시 부부를 위한 솔루션에 적립식 펀드를 포함한 투자 상품이 포함될 것이기 때문에 상담 초반에 이 사실을 확인할 필요가 있었다.

"제가 두 사람의 재무목표를 파악해보니 저 역시 다음 상담 때 적립식 펀드를 포함한 투자 상품을 추천할 것 같은데, 제가 추천한대로 실행하실 건가요?"

"꼭 위험한 투자 상품을 가입해야 하나요?"

"투자 상품을 반드시 가입해야 하는 것은 아니지만 두 사람의 미래목표를 효과적으로 달성하기 위해서는 투자 상품을 활용해야 합니다. 위험은 무조건 회피하는 것이 능사가 아니라 위험을 알고 관리하면서 수익을 극대화 시킬 수 있는 방법이 있다면 적극적으로 활용해야죠."

"적립식 펀드에 투자했다가 잘못돼서 손해가 많이 나면 어떻게 해요? 친구들이나 부모님이 적립식 펀드에 투자했다가 큰 손해를 봐서 다시는 펀드를 쳐다보지도 않겠다고 하던데요."

"2008년 글로벌 금융위기 무렵에 투자하셨나 보네요. 그런데 부모님이나 친구들이 왜 펀드 투자에 실패했다고 생각하세요?"

"……"

"추측이지만 그 분들은 펀드에 대해서 제대로 알고 투자한 게 아니라 남들이 좋다고 하니까, 은행이나 증권회사 직원들이 수익이 많이 난다고 추천하니까 펀드에 대해 제대로 알지도 못한 채 묻지마 투자를 한 것이 실패의 가장 큰 이유일 겁니다. 모든 금융상품에는 장점과 단점이 있습니다. 단점을 잘 알고 장점을 잘 이용해 펀드 투자를 하셨다면 그 당시에 펀드가 폭락해서 마음은 아팠겠지만 그 시간을 잘 인내했더라면 나중에 큰 수익으로 보답 받으셨을 겁니다. 실제로 제 고객분들 중에는 펀드 투자로 큰 수익을 얻으셔서 지금도 목돈을 예치하는 예금은 몰라도 매월 불입하는 적금은 아예 쳐다보지 않고 적립식 펀드에만 투자하시는 분들도 계십니다."

"정말이요?"

"정말이지요. 하하하. 제가 두 분께 거짓말을 왜 하겠습니까? 그 분들이 투자에 성공한 이유는 무조건 위험하다고 회피하지 않고 위험을 관리하면서 수익을 낼 수 있는 방법을 잘 알고 나서 원칙대로 펀드에 투자하셨기 때문입니다. 은행에 예금하면 안전할까요?"

"당연하지 않나요?"

"그렇지 않습니다. 재테크 이야기를 할 때 흔히 이용하는 72법칙이라고 들어보셨나요?"

"아니요."

"제가 두 분이 이해하기 쉽게 간단하게 설명을 드리겠습니다. 현재 장바구니 물가가 얼마 정도 할까요?"

"……. 잘 모르겠는데요."

"과거에는 물가가 매년 가파르게 올랐지만 지금은 예전보다는 물가상승률이 둔화된 상황입니다. 별로 구입하지 않는 공산품은 디플레이션을 걱정하지만 흔히 돈을 지출하는 장바구니 물가는 계속 오르고 있습니다. 그런 상황을 감안해연 3% 정도 된다고 가정해보겠습니다. 72를 물가상승률 3%로 나누면 얼마죠?"

"24 아닌가요?"

"네. 맞습니다. 이 말은 두 사람이 현재 가지고 있는 금융자산 1억 원을 금고에 넣어 두었는데 24년 후에 금고에서 돈을 꺼내보니 똑같은 1억 원인데 화폐가치는 5,000만 원으로 줄어들었다는 겁니다. 그 다음 24년 후에는 2,500만 원으로 또 쪼그라들고요. 이해 가세요? 이해가 잘 안되면 두 분이 고등학교나 대학교에 다닐 때 친구들과 자주 갔던 중국집에서 짜장면을 먹기 위해 지불했던 짜장면 가격과 요즈음 두 사람이 짜장면을 먹을 때 지불해야 하는 가격을 비교해 보세요. 그때보다 지금 더 많은 돈을 내야 하지만 짜장면 두, 세 그릇을 주지는 않지요? 물가상승에 따라 짜장면 한 그릇을 먹기 위해 지불하는 화폐 즉, 명목금액은 커졌지만 짜장면 한 그릇의 가치는 변하지 않았습니다. 이와 같은 이치입니다. 연 평균 물가상승률은 3%인데 은행에 예금을 하러 갔더니 세금을 다 뗀 후 연 1.5%의 이자를 준다고 하면 은행에 맡기는 내 돈의 가치는 어떻게 되나요? 최소한 세금을 뗀 후 연 3%는 은행에서 보장해줘야 내 돈의 가치가 떨어지지 않지요? 그런 금리를 주는 은행이 지금 있나요? 내가 은행에 돈을 맡기는 것은 위험한가요? 위험하지 않나요?"

"……"

"위험한 겁니다. 원금을 지키고 화폐금액은 늘어나겠지만 화폐가치가 떨어지는 위험이 있는 겁니다. 금융상품은 단지 재무목표를 이루는 수단이지 목적이 아닙니다. 즉, 재무목표와 궁합이 맞는 금융상품을 선택해야 합니다. 대부분 투자에 실패하는 이유는 금융상품이 재무목표를 이루기 위한 수단이 아니라 목적이 되기 때문입니다. 자신의 재무목표에 적합한 금융상품을 골라야 하는데, 재무목표는 무시하고 상품만 가지고 '좋을까? 나쁠까? 안전한가? 위험한가?'만 따지면서 잘못 선택해 실패하는 겁니다. 이해가 가시나요?"

"네. 이해는 가는데, 그래도…"

"두 분은 투자 상품에 투자한 경험이 없고 과도하게 걱정을 하시는 편이기 때문에 중간에 결과가 좋지 않으면 그 상황을 인내하기가 쉽지 않을 겁니다. 100만 원을 적립식 펀드에 투자하는 게 솔루션에 맞을지라도 처음부터 100만 원을 다 적립식 펀드에 투자하면 안 됩니다. 1~2년 정도는 매월 20~30만 원 정도만 적립식으로 투자해 경험을 쌓으면서 투자의 단맛과 쓴맛을 함께 경험하는 게 좋습니다. 그 후 투자에 대한 자신감이 완전히 붙고 좋지 않을 때도 견뎌낼 수 있는 인내심이 길러졌을 때 투자금액을 더 늘리시면 됩니다. 다시 한 번 강조하지만 세상에 위험하지 않은 금융상품은 없습니다. 하다못해 은행의 예금도요. 위험하다고 무조건 회피하는 게 능사가 아니라 위험을 잘 알고 관리를 잘하면 무조건 도망치기보다는 돈을 모으고 불리는데 훨씬 효과적입니다. 잘 아시겠지요?"

"네."

"마지막으로 다시 한 번 확인하겠습니다. 제가 다음 솔루션 미팅 때 두 분 성향을 고려해 적립식 펀드에 매월 적립금액의 일부를 투자하자고 제안하면 제 의견대로 따라 하실 거죠?"

"네. 그렇게 하도록 노력하겠습니다."

결론만 이야기 하면 우영씨 부부는 적립식 펀드에 일부를 투자하자는 내 제안을 따르지 않았다. 실행이 따르지 않았기 때문에 그 이후로는 우영씨 부부를 만나지 못했지만 두 사람을 생각하면 항상 안타깝다. 아마 지금도 재무상담 쇼핑만 하고 다닐지 모르겠다. 그러다 어떤 재무설계사가 그들 부부에게 예·적금만 하라고 했을 때야 비로소 재무상담 쇼핑을 멈췄을 것이다.

사람들은 보통 특별한 이익이 생기지 않는 한 행동이나 생각을 잘 바꾸지 않으려는 경향이 크다. 이처럼 행동이나 생각을 바꾸기 보다는 현상유지를 선호하는 현상을 '현상유지 편향'이라 한다. 가만히 있다가 실패할 때보다 새로운 행동을 한 후에 실패하면 고통이 더 크기 때문에 현상을 유지하려는 경향이 강해진다.

우영씨 부부는 나를 만나기 전에 은행의 예·적금만 이용했다. 미래를 더 잘 준비하고 싶은 마음에 주변 지인들이 받고 좋았다는 재무상담을 받기는 했다. 하지만 위험에 대해서 극도로 민감한 우영씨 부부에게 적립식 펀드와 같은 투자상품은 받아들이기 어려웠다. 그만큼 '현상유지 편향'이 강하게 작용했다. 위험에 대한 극도의 경계심으로 특별한 이익이라고 할 수 있는 은행의 예·적금보다 2~3배 이상의 수익이 가능하다는 예측만으로는 부부의 행동이나 생각이 바뀌지 않았다. 부모님이나 친구들의 펀드투자실패라는 잘못된 경험도 부부가 변하지 않는데 일조했다.

어릴 적에 읽었던 토끼와 거북이의 우화에서는 느리지만 성실한 거북이가 재빠른 토끼를 이긴다. 하지만 토끼가 결승점에 다 와서 잠만 자지 않았다면 거북이는 절대 토끼를 이길 수 없다. 투자도 마찬가지다. 상품에 대해서 제대로 알고 중도에 토끼가 잠을 자는 것과 같은 잘못된 행동만 하지 않는다면 저축만 하면서 현상을 유지하는 것보다 훨씬 빠르게 목표에 도달할 수 있다. 똑같은 금액을 만드는데 세후 1.5% 짜리 금융상품을 이용하는 거북이와 연 8%의 수익을 올리는 상품을 이용하는 토끼가 경주를 한다고 상상해보자. 은행의 적금만 이용하는 거북이가 투자 상품을 활용하는 토끼와 나란히 결승점을 통과하기 위한 방법은 토끼보다 몇 배나 많은 금액을 투입해야 한다. 하지만 대부분의 거북이나 토끼가 재무 목표를 위해 투입할 수 있는 금액은 비슷한 수준이다. 이 책을 읽는 독자라면 절대 '현상유지 편향'에 빠져 무조건 안전한 것에만 안주하지 않기를 바란다. 안전만 쫓아다니다가는 우영씨 부부처럼 인플레이션이라는 더 큰 위험에 빠질 수 있다.

적금 이자율 연 2%면 적립식 펀드로
연 1.1% 수익만 올리면 된다

2000년대 초반부터 밀어닥친 저금리 현상이 장기 고착화 되면서 세금 떼고 연 2%가 넘는 이자를 주는 시중은행의 적금상품은 씨가 말랐다. 저축은행들은 아직 세후 이자율이 연 2%가 넘는 적금상품을 판매하고 있지만 저축은행 연쇄 도산의 악몽이 사람들의 기억 속에 남아있어 얼마 되지 않는 이자 차익을 얻으려고 저축은행을 이용하는 것을 꺼리고 있다. 이런 금리로는 위에서 언급했듯이 실질금리 마이너스로 내 돈의 가치가 줄어드는 것을 막기 어렵다. 정기적금과 적립식 펀드를 냉정하게 비교해 볼 필요가 있다.

월 100만 원씩 1년 만기 정기적금에 세후 연 2%의 이율로 가입하면 1년 후에 이자수익으로 130,000원을 손에 쥘 수 있다. 반면에 적립식 펀드에 같은 금액을 같은 기간 동안 투자해 비용을 제외하고 연 1.1%의 수익을 올린다고 가정하면 132,000원의 수익이 생긴다. 1.1% 수익을 올리는 적립식 펀드 투자가 연 2%의 이자를 주는 정기적금보다 수익이 더 크다.

현재 시중은행 정기적금 세후 이자율은 연 1.5% 내외이기 때문에 적립식 펀드 수익이 연 1.1%보다 낮아도 시중은행 정기적금보다 적립식 펀드의 수익금이 더 많다. 중요한 것은 원금 손실을 볼 수 있는 투자상품인 적립식 펀드가 1년 후에 반드시 연 1.1%의 수익을 달성할 수 있는지 여부다. 답은 '그럴 수도 있고 그렇지 않을 수도 있다'이다. 적립식 펀드의 경우 실적배당형 상품이기 때문에 주가의 상승과 하락에 따라 1년 후에 1.1%보다 더 큰 수익이 날 수도 있고 반대로 -1.1%보다 더 큰 손실이 날수도 있다.

수많은 펀드들의 과거 성과를 참고해 볼 때, 3년 이상의 충분한 시간적 여유가 있는 중, 장기적인 목표를 위해 적립식 펀드에 투자하면 연 평균 1.1% 이상의 수익은 충분히 가능하다. 1년 후에 연 1.1% 이상의 수익이 반드시 날거라고 장담할 수는 없겠지만 1년 6개월, 2년, 3년 등 투자 기간이 길어지면 길어질수록 연 평균 1.1% 이상의 수익을 올릴 가능성은 점점 높아진다. 사실 적립식 펀드에 투자해 본 사람들은 알겠지만 연 평균 1.1% 수익달성은 그리 어렵지 않은 수치이다. 그 정도 밖에 되지 않는 수익률을 얻으려고 위험을 감수하고 펀드에 투자하는 사람은 없다. 최소 연평균 5%~10% 정도의 수익률은 기대한다. 적립식 펀드 수익률이 연 6%로 높아지면 세전 연 13%의 정기적금과 결과가 거의 비슷하다. 펀드의 수익률이 높아질수록 정기적금과의 차이는 점점 더 벌어진다. 위험하다고 원금 손실의 위험 때문에 은행의 정기적금만 이용하면 안 되는 이유다. 그래서 적금과 펀드를 냉정하게 비교해 볼 필요가 있다는 것이다.

지금처럼 초저금리가 장기 고착화된 시대에는 현상을 유지하는 게 안전하고 편하겠지만 억지로라도 현상을 박차고 나와서 변해야 한다. 새가슴이라도 투자에 대한 위험을 알고 관리하면서 저금리와 인플레이션에 따른 화폐가치 하락의 위험을 이겨내야 한다. 원칙과 기준대로 흔들리지 않고 꾸준히 투자를 해 나가면 성공확률이 높아진다. 우영씨 부부처럼 정말 '현상유지 편향'이 강한데다 투자 상품에 대한 경험이 전혀 없다면 최소 월 10만 원만이라도 적립식 펀드를 이용해 투자 공부를 한다고 생각하고 시작해보자. 그러다가 지식과 경험이 쌓여 자신감이 생기면 그 때부터 금액을 조금씩 늘리면 된다. 돈이 별로 없을 때는 투자가 그리 중요하지 않다. 하지만 돈의 덩어리가 커지면 투자란 상당히 중요한 일이 된다. 미리 공부해 두지 않으면 돈이 늘어나는 게 즐거움이 아니라 걱정이 된다. 당신이 현재 10억 원의 현금을 들고 있는 데 무조건 안전하게 원금을 지키고 싶다면 최소한 은행 21곳에 분할해서 예금을 해야 한다. (은행 예금자 보호 한도인 원금과 이자를 합한 금액 5,000만 원을 감안 할 때) 아니면 집안에 철제금고를 사서 현금 10억 원을 넣어 두고 낮이나 밤이나 도둑이 들까봐 걱정하면서 잘 지켜야 한다. 나중에 지금 가진 자산보다 더 큰 돈을 잘 굴리기 위해서라도 투자경험과 마인드는 반드시 지금부터 키워나가야 한다. 어느 날 갑자기 하늘에서 지식과 경험이 뚝 떨어지지 않는다.

퇴직연금 편입상품 아무거나 고르면
나중에 땅치고 후회한다

2005년부터 시작된 퇴직연금제도를 지금은 많은 회사가 시행한다. 퇴직연금은 퇴직금 운용에 대한 권한과 책임을 회사와 개인 중에 누가 맡는가에 따라 크게 확정급여형(DB형)과 확정기여형(DC형)으로 나뉜다. 확정급여형은 회사가 금융회사에 퇴직금을 맡겨 관리하다 퇴직 후에 운용실적에 관계없이 정해진 규정대로 확정된 금액을 지급한다. 확정기여형은 개인이 직접 퇴직연금 운용상품의 선택이나 변경에 대한 권한을 가진다. 퇴직연금이 적립되는 동안 어떤 자산들을 바구니에 담고 적절한 시점에 변경을 잘하느냐에 따라 55세부터 받게 되는 퇴직급여액이 개인마다 크게 차이가 날 수 있다. 직장

마다 직원들 의견을 수렴해 확정급여형(DB형)을 선택할지 아니면 확정기여형(DC형)을 선택할지 결정한다.

확정급여형은 회사가 운용을 책임지니 회사의 운용담당자와 퇴직연금을 운용하는 금융회사 담당자가 잘 상의해서 운용상품을 선택하거나 변경하면 된다. 개인이 신경 쓸 필요가 없다. 하지만 확정기여형은 개인이 선택한 퇴직금 운용상품에 따라 나중에 지급받는 퇴직급여가 크게 달라지기 때문에 상품선택이나 중도에 변경을 잘해야 한다. 회사 규모가 큰 곳은 금융회사에서 적극적으로 찾아와 퇴직연금 제도나 퇴직금 운용상품을 직원들에게 잘 이해시키고 선택을 잘 할 수 있도록 도와주니 큰 문제가 없다. 반면에 소규모 회사는 퇴직금 담당자가 퇴직연금에 대해 적극적인 관심을 보이지 않으면 금융회사도 크게 신경 쓰지 않는다. 아무런 사전 정보제공도 없이 퇴직금 운용상품을 선택하라고 해서 아무렇게나 고르고 적절한 시점에 상품 변경을 하지 않고 방치했다가 나중에 큰 후회를 하는 사람들이 많다. 개인이 적극적으로 자신의 퇴직연금에 관심을 가지지 않으면 누구도 신경써주지 않는다.

일반적으로 회사가 안정적이고 급여가 꾸준히 오르면서 개인이 자산운용에 대한 경험이 별로 없으면 확정급여형을 많이 선택한다. 회사의 재정상황과 임금체계가 불안정하면서 개인이 자산 운용에 대한 경험이 많아 퇴직금을 적극적으로 운용해서 불리고 싶은 경우는 확정기여형을 선호한다.

오랜 고객인 윤대식씨도 퇴직금 운용상품 선택으로 골머리를 앓다가 나에게 SOS를 쳤는데 대식씨 사례를 보면서 참으로 답답했다. 먼저 대식씨는 자신이 가입하려는 퇴직연금이 확정급여형(DB형)인지 확정기여형(DC형)인지도 몰랐다. 카톡으로 질문과 답변을 몇 번 주고받고 회사의 담당자에게 알아보고 나서 가입하려는 퇴직연금이 확정기여형(DC형)인 줄 알게 됐다. 한술 더 떠 대식씨 회사에서는 상품에 대한 설명은 전혀 해주지 않고 정기예금, MMF, 펀드 등 221개나 되는 금융상품 이름이 잔뜩 리스트업 된 사이트를 알려주면서 다음 날까지 운용상품과 투자비율을 정해서 제출하라고 했다. 주변사람들에게 물어봐도 잘 모르고 그나마 나라는 믿는 구석이 있었기 때문에 카톡으로 사진을 찍어 보내 선택 방법을 상의했다. 그 선택지를 보고 금융상품들의 안전성과 위험성 및 대식씨 나이 등을 고려해 상품 포트폴리오와 투입비율을 결정해 줬다. 31세의 대식씨는 앞으로 지금 다니는 회사가 꼭 아니더라도 오랫동안 직장생활을 해야 하고 그 기간만큼 장기적으로 퇴직연금을 굴려야 했기 때문에 다소 공격적으로 포트폴리오를 짜줬다. 나이가 많아지면 주식형 펀드 같은 공격적인 자산의 비율을 줄이고 정기예금이나 MMF 같은 안전 자산의 비율을 늘리면 된다. 퇴직이 몇 년 남지 않은 시점부터는 정기예금이나 MMF 같은 초안전자산 위주로 포트폴리오를 변경하면 된다. 젊었을 때는 공격적으로, 연금 수령시점에 가까워지면 안전한 상품 위주로 포트폴리오를 구성하면 별 무리가 없다.

　　동료들은 어떻게 결정했냐고 물어보니 딱히 물어볼 데도 없고 해서 대부분 정기예금이나 MMF 같은 안전자산 위주로 포트폴리오를 선택했다고 한다. 퇴직연금은 개인의 노후대비를 위해 상당히 중요한 자산이다. 매년 적지 않은 금액이 퇴직연금 계좌로 투입된다. 찾아와서 설명 한 번 안하는 금융회사 직원이나 금융회사 담당자에게 요청하지도 않고 직원들에게 대수롭지 않게 아무거나 선택해 오라고 지시한 그 회사의 퇴직연금 담당자도 한심하기는 매한가지다. 이런 상황에서 연간 또는 몇 년 단위로 포트폴리오를 변경해가면서 퇴직금 수익률을 높이는 노력을 한다는 것은 그 회사에서는 꿈도 꿀 수 없다. 똑같은 금액을 20년 동안 똑같이 굴릴 때 수익률 1%의 차이는 수익의 1.47배를, 2%의 차이는 2.05배 차이를 만든다.

30년이라면 그 차이는 더 크다. 1%의 차이일 때 수익의 1.57배, 2%일 때는 2.32배라는 엄청난 차이를 만든다. 세 사람이 30년 동안 퇴직금을 굴려서 수익이 났는데 한 사람은 그냥 1억 원을 받고 다른 한 사람은 1억5,700만 원을, 나머지 한 사람은 2억3,200만 원을 받게 되니 퇴직금운용상품 선택을 제대로 하지 않은 대가치고는 너무 아프다. 이런 차이가 날 수 있다는 것을 알면서 퇴직금 운용상품을 제대로 선택하지 않을 사람은 아무도 없다. 퇴직금 받을 때 남들보다 적게 받는다고 가입 당시의 퇴직금 담당자를 원망해도 소용없다. 그도 이미 회사를 그만두고 형편없는 퇴직급여를 받으면서 '그때 제대로 알아보고 잘 선택할 걸' 하고 땅을 치며 후회하고 있을 것이다.

퇴직연금에 처음 가입할 때 퇴직운용상품을 신중하게 선택해야 하는 또 다른 중요한 이유가 있다. 처음 상품 선택이 퇴직금을 굴리는 20~30년 동안을 좌우한다. 애써 노력하지 않으면 '현상유지 편향'이라는 심리적 기제에 항상 휘둘리게 된다. 퇴직연금은 수익률을 높이기 위해 최소 1년마다 운용성과를 점검해야 한다. 운용상품 변경이 필요하다고 판단되면 변경해야 효과적으로 퇴직연금 수익률을 관리할 수 있다. 이때 처음에 선택한 상품을 변경하려면 '현상유지 편향'이 발목을 잡는다. 최초 가입시점에 잘못 선택한 퇴직금 운용상품이 항상 기준이 된다. 변경해도 그 기준을 크게 바꾸지 못한다. 나 같은 전문가가 마음에 불을 지를 정도의 충격을 주지 않는 한 처음 선택을 변경하려는 사람은 많지 않은 게 현실이다. 그만한 관심을 가지는 사람들도 눈에 잘 띄지 않는다. 이 책을 읽고 있는 독자 분들에게 지금 바로 숙제를 내드리겠다. 지금 내가 가입한 퇴직연금이 확정급여형(DB형)인지 확정기여형(DC형)인지 적어보자. 그 다음에는 내 퇴직연금의 운용상품 포트폴리오를 적어보라. 자신 있게 적었는가? 아마 그런 독자 분은 많지 않다고 예상한다. 잘 모르겠으면 내일 회사담당자에게 물어봐서 내용을 꼼꼼히 확인해보고 포트폴리오가 제대로 설정돼 있는지 까지 체크해봐라. 문제가 있다면 당장 변경해라. 잘 모르겠으면 주변에서 나 같은 전문가를 찾아 문의해서 잘 대응해라. 퇴직금에 들어가는 돈의 규모는 다른 금융 자산에 비해 상당히 덩치가 큰 편이다. '현상유지 편향'에 빠져 당신의 소중한 돈을 방치하지 말아야 한다. 퇴직연금에 가입하고 유지할 때 꼭 챙겨야 할 내용에 대해 알아보자.

첫째, 가입한 퇴직연금이 어떤 유형인지 명확하게 알아야 한다.

최소한 대식씨처럼 자신이 가입한 퇴직연금이 어떤 유형인지 모르지는 않아야 한다. 확인해서 확정급여형(DB형) 같으면 회사에서 알아서 관리해주니 신경 쓰지 않아도 된다. 확정기여형(DC형)이라면 상품 선택이나 운용 결과에 대한 책임이 개인에게 있으므로 관심을 많이 가져야 한다. 앞에서 이야기 했듯이 이번 기회에 퇴직금 운용상품을 제대로 선택했는지 확인해보자. 현재의 포트폴리오에 문제가 있다면 운용상품을 변경해야 한다. 앞으로 20~30년 동안 퇴직연금계좌에 많은 돈이 들어가기 때문에 관리를 잘해 수익률을 1%라도 높이려고 애써야 한다. 퇴직금을 방치한 사람과 관리한 사람의 희비는 퇴직급여를 받는 55세 이후에 결정된다.

둘째, 상품을 선택할 때 나이에 따라 공격자산 : 안전자산 비율을 변경해라.

대식씨처럼 20~30대의 젊은 사람들은 주식형 펀드 같은 공격형 자산의 비중을 높이고 정기예금이나 MMF 같은 안전자산의 비중을 줄여야 한다. 공격자산 : 안전자산의 비율을 20~30대는 70 : 30 정도면 무난하다. 40대에 접어들면 공격자산 : 안전자산의 비율을 60 : 40 수준으로 조정하고 50대는 30 : 70 수준을 유지하다가 55세 이후에는 퇴직급여를 받으면 된다. 장기간 시간을 분산해서 투자하는 것이기 때문에 안전자산에 너무 집착하면 수익률이 떨어지니 젊을 때는 다소 공격적으로 운용상품을 구성하는 게 좋다. 퇴직이 가까워지면 안정적으로 운용상품을 변경할 필요가 있다.

셋째, 퇴직할 때 절대 일시금으로 찾지 마라. 다 사라진다.

20~30년 벌어 소득 없는 30~40년이나 40~50년 쓸 준비를 해야 한다. 확정급여형이든 확정기여형이든 55세 연금 개시 전에 퇴직하면 퇴직연금을 IRP계좌(개인형 퇴직연금계좌)로 수령해서 연금 개시 전까지 계속 운용할 수 있다. 퇴직할 때 퇴직연금을 일시금으로 찾아 사용하는 사람들이 있는데 상당히 위험하다. 소득이 없는 노후를 대비해 강제로라도 노후자금을 묶어 놓아야 한다. 55세 이후에 연금으로 수령하지 않고 그 돈을 일시금으로 찾으면 그 돈은 연기처럼 사라지거나 노후가 아닌 다른 목적으로 사용된다. 그러면 노후자금이 부족해진다. 국가에서 퇴직연금제도를 만들어 쉽게 찾아 쓰지 못

하게 만든 가장 큰 이유는 국민의 노후준비가 부실해지는 것을 걱정해서이다. 공적연금, 퇴직연금, 개인연금으로 구축되는 3층 보장 장치는 절대 훼손되면 안 된다. 퇴직연금을 일시불로 찾아 사업이나 투자 등 노후 이외의 용도로 사용하다 다 써버리면 노후는 상당히 비참해질 수 있으니 절대 노후 생활비 이외의 용도로 사용하지 말자. 소득 없는 노후를 대비해 노후에 현재 가치로 월 200만 원 정도의 생활비를 마련하는 것이 젊었을 때 생각처럼 만만치 않다. 월급이 매년 조금씩 올라도 늘 돈이 부족해 충분히 노후 준비를 못하는 게 현실이다. 주변에서 은퇴 후에 다시 공공 근로를 하거나 일자리를 찾는 6070세대를 보면 체감이 될 거다. 6070세대도 지금 일자리를 찾아 헤매거나 일을 해야 한다는 것을 젊었을 때는 상상조차 하지 못했다.

넷째, 최소한 퇴직금 운용 상품에 대해서는 공부해라.

금융회사마다 제시하는 퇴직연금 운용상품이 조금씩은 차이가 있지만 대부분 정기예금, MMF, 적립식 펀드를 주로 이용해 상품을 구성한다. 이때 안전하다고 정기예금만 선택하는 사람들이 있는데 원금이 보장된다고 무조건 안전한 게 아니다. 원금을 보장하지만 낮은 수익률로는 인플레이션에 따른 화폐가치 하락 위험을 피해갈 수 없다. 퇴직연금 수익률을 올리기 위해서는 원금손실 가능성은 있지만 초과 수익을 기대할 수 있는 실적배당형 상품인 적립식 펀드를 적극적으로 이용해야 한다. 그런데 적립식 펀드에 대해 잘 모르면 운용상품으로 적립식 펀드를 선택하는 게 쉽지 않다. 적립식 펀드의 장점과 단점, 위험, 상품 선택요령, 주식형 펀드와 채권형 펀드의 차이 등 꼭 필요한 내용만 공부하면 된다. 적립식 펀드에 대한 설명이 들어있는 재테크 책을 한 권 구해 읽든지 아니면 펀드 상품 위주로 강의하는 강좌를 찾아 한두 번 참석해보는 것만으로도 필요한 지식을 충분히 습득할 수 있다. 알아야 내 소중한 돈을 잘 관리하고 불릴 수 있다.

다섯째, 회사 담당자에게 자세히 묻고 해결이 안 되면 금융회사 담당자에게 직접 문의하라.

회사 규모가 작으면 대식씨 회사 담당자처럼 퇴직연금에 대해 본인조차 잘 모르는 담당자가 있을 수 있다. 회사 담당자가 잘 모르면 금융회사 담당자에게 요청해 직원들을 모아놓고 교육시키면 된다. 그런데 성의 없이 운용지시서만 직원들에게 나눠주고 직원들이 알든 모르든 선택한 지시서를 돌려받아 금융회사 담당자에게 넘기는 것으로 책임을 다했다고 생각하니 문제다. 그 이후에 반복적으로 발생하는 변경 업무는 말할 것도 없다. 담당자 본인은 물론 회사원 전체의 소중한 퇴직연금을 갉아먹는 행위이다. 먼저는 회사 담당자를 찾아가서 모르는 내용을 직접 묻고 금융회사 담당자에게 교육을 요청해라. 해결이 안 되면 금융회사 담당자의 연락처를 물어 직접 문의하면 된다. 금융회사 담당자가 친절하게 질문하는 내용을 잘 가르쳐 줄 거라고 믿는다. 20~30년 간 퇴직연금에 불입되는 금액은 반복해서 말하지만 상당히 큰돈이다. 잘 운용해 1% 수익을 더 내는 사람과 아닌 사람의 차이가 크다는 점을 다시 한 번 명심하자. 이미 잘 모르고 선택했다면 지금이라도 잘 알아봐서 바로잡아야 한다.

8

WWWWWWWWWWWWWWWWWWWWWWWWWWWWWWWWW

재형씨가 재테크 공부를
해야 하는 이유는?

WWWWWWWWWWWWWWWWWWWWWWWWWWWWWWWWW

자기과신 효과

재무컨설턴트, 이용당하지 않고
잘 다스리는 방법

www

지난주까지 4주 과정으로 진행했던 〈행복한 부자를 꿈꾸는 이들을 위한 금융지식UP〉 과정 마지막 날에 수강생들에게 궁금했던 점 몇 가지를 질문했다.

"재테크 공부를 학교 시험 공부하듯이 열심히 해 본적 있으신 분 손들어 보세요?"

1~2명이 쭈뼛쭈뼛 손을 든다. 질문을 계속했다.

"주변에 믿을 수 있는 전문가의 도움을 크게 받아봤거나 현재 옆에서 그런 전문가가 조언을 해 주시는 분은요?"

"……"

"전문가라고 해서 상담을 받았는데 안 좋은 기억이 있으셨던 분, 계신가요?"

수강생 열다섯 명 중에 다섯 사람 정도가 손을 들었다. 그 중 두 사람에게 자세한 경험을 물었다. 한 사람은 상담은 좋았는데 결국 연금으로 변액종신보험에 가입하라고 해서 실망했다. 다른 한 사람은 경험이 별로 없는 FC가 상담을 해줬는데 자신보다 더 모르는 것 같아 신뢰가 가지 않았다. 24년 동안의 현장 경험에 비춰보면 재테크에 대해 잘 알고 야무지게 돈을 잘 관리하는 사람이 전혀 없는 것은 아니다. 하지만 그런 사람들의 수는 생각보다 아주 적다. 그들조차도 돈 관리가 자신의 일이나 전공이 아니다보니 완벽하지는 않다. 전문가가 옆에서 조금만 체계적으로 코치를 해주면 지금보다 더 좋은 결과를 얻을 수 있다. 지금 잘 하고 있는 사람들도 전문가의 조언이 도움이 되는데, 그렇지 않은 대다수는 말할 것도 없다. 전문가의 1:1 특별과외가 필요하다고 생각한다. 수강생들 대부분도 전문가의 도움이 필요하다는 것에는 전적으로 동감했지만 세상에 별의별 험한 일이 다 벌어지다 보니 믿을 수 있는 전문가를 만난다는 게 말처럼 쉽지 않다고 했다. 생전 처음 보는 사람에게 재정 상황을 다 오픈해야 하고 어떨 때는 치부까지 드러내야 하는 상황이니 도움이 필요하다고 인정해도 실제로 요청하기가 쉽지 않은 게 현실이다. 게다가 과거에 만났던 전문가에 대한 나쁜 기억을 가졌다면 더더욱 내키지 않을 것이다.

결국 말미에 이렇게 이야기하면서 강의를 마무리 했다. "재테크 공부가 정말 재미있는 사람들 몇몇을 제외하고는 재테크 공부를 고시 공부하듯이 할 필요 없다. 계속 상품이 업그레이드되고 새로운 상품이 출시되기 때문에 자신의 일에 충실하다보면 그러한 트렌드를 계속 따라갈 수 있는 시간이 별로 없다. 세상에 금융상품이 많은 것 같지만 실제로 내가 활용할 금융상품은 몇 개 안된다. 기본적으로 내게 맞는 상품인지 아닌지 구별할 줄 아는 눈 정도만 키워 놓으면 된다. 전문가에게 맡기는 것도 방법이다. 단, 자칭 전문가라고 말하는 사람들이 자신의 이익을 위해 일하는지 아니면 당신의 이익을 먼저 생각하는지는 구분할 줄 알아야 한다. 그들도 봉사활동을 하는 게 아니기 때문에 서로 WIN-WIN 할 수 있는 관계 설정이 상당히 중요하다. 상담을 통해 초기에 돈 관리에 대한 체계적인 시스템을 만들어 놓고 재무목표에 따라 자연스럽게 저축이나 투자를 할 수 있는 자동시스템만 구축해 놓으면 된다. 그 후에는 자신의 일을 더 열심히 해서 주변의 인정을 받고 자기 계발을 통해 더 높은 수입을 만들어 내는 게 한 차원 높은 재테크다. 초기에는 틀을 잡아야하기 때문에 전문가의 역할이 큰 비중을 차지하겠지만 초기에 자동시스템만 잘 만들어 놓으면 큰 변화가 생기지 않는 한 전화, 문자, 카톡 또는 메일 정도로 필요할 때 적절한 도움만 받으면 된다."

스스로 돈 관리를 잘할 자신이 없으면 전문가의 도움을 강력하게 권유한다. 제대로 도움을 받으면 정말 긍정적인 변화가 생긴다. 가끔 전문가와 상담하면 상품 강매를 할까봐 애초부터 상담을 받지 않으려는 사람들이 있다. 그런데 그럴 필요 없다. 상품 가입 결정은 내 의지지 전문가의 의지가 아니다. 상담을 받아봐서 전문가가 제안하는 솔루션이 마음에 들고 신뢰가 간다면 전문가가 추천해주는 상품을 선택해 서로 WIN-WIN할 수 있는 관계를 구축하면 된다. 어차피 돈을 모으고 불리려면 돈을 금고에 넣어 두지 않는 한 나에게 맞는 금융상품을 반드시 선택해야 한다. 자신에게 적합하면서 좋은 상품을 고르는 것도 잘 모르는 사람에게는 큰 일거리다. 결국 그 전문가가 아니더라도 다른 누군가에게 도움을 받아야 한다. 전문가가 신뢰가 가지 않는다면 상품가입은 말할 것도 없고 그 후에 연락을 끊으면 된다. 구더기 무서워서 장 못

담그면 결국 자신만 손해다.

전문가의 필요성에 대한 글을 쓰다 보니 2008년 초 글로벌 금융위기가 터지기 전에 여자 친구를 보호하겠다고 상담에 따라온 박재형씨가 떠오른다. 두 사람은 2009년 봄에 결혼식을 올릴 예정이었다. 여자 친구를 상담하는데 재형씨가 자꾸 끼어들며 말을 자주 끊기에 짜증이 좀 난 상태였다. 이 상태로는 상담이 원활하게 진행되지 않을 것 같아 여자 친구와의 상담은 잠시 뒤로 미루고 재형씨와 이야기를 나눴다.

재형씨는 스스로를 상당한 재테크 고수라 여기고 있었다. 투자에 대한 자신감이 하늘을 찔렀다. 결혼할 여자 친구가 재형씨가 일러주는 대로 하지 않고 나에게 상담을 받으러 온 것 자체가 못마땅했다. 몇 마디 나눠보니 펀드 투자를 주식투자처럼 하고 있었다. 펀드에 정기적립식으로 투자하는 게 아니라 주가지수를 보고 적기라고 생각될 때 수시로 목돈을 불입하곤 했다. 수익이 생기면 목돈의 일부를 환매해서 찾아 가지고 있다가 주가지수가 떨어지면 다시 펀드에 불입하기를 반복했다. 그동안 꽤 쏠쏠한 재미를 봤다고 신나서 이야기했다. 결혼자금 전부를 적립식 펀드에 투자했다.

글로벌 금융 위기 이전에 적립식 펀드에 투자했던 사람들은 꼭 재형씨만이 아니더라도 대부분 수익률이 좋았지만 재형씨가 거둔 수익은 스스로 재테크 고수라고 여길만한 수준은 됐다. 하지만 재형씨는 반복된 투자 성공으로 쌓인 자신감 때문인지 중요한 것을 놓치고 있었다. 결혼이 채 일 년이 남지 않은 상황에서 적립식 펀드에 계속 투자하다가 만약 그 사이에 펀드가 급락이라도 한다면 큰 낭패를 볼 수 있다. 이 점에 대해 몇 번이나 강조를 했지만 집을 구하기 전까지는 결혼자금을 계속 펀드로 굴려 조금이라도 돈을 더 불리겠다고 고집을 부렸다. 여자 친구 앞이라 그런지 결혼 전까지 50%는 수익을 더 낼 수 있다고 허세까지 부렸다. 한술 더 떠 여자 친구에게도 수익을 많이 내줄테니 자기한테 돈을 맡기라고 계속 큰소리쳤다. 재형씨만 왔다면 이쯤에서 중단하고 싶었지만 불안해하는 여자 친구가 안쓰러워 재형씨를 계속 설득했다. 앞으로 주가가 올라갈지 떨어질지 잘 모르겠지만 결혼이 일 년도 남지 않은 상황에서 주가가 혹시라도 크게 떨어지면 만회할 시간이 없으니 펀드에 들어 있는 돈을 분할환매해서 CMA로 옮겨 놓았다가 신혼집을 계약할 때 쓰라고 계속 권유했다. 하지만 들은 척도 안했다. 결국 재형씨가 결정할 문제이기에 한두 번 더 권유하다 중단하고 여자 친구와 남은 상담을 마저 진행했다.

다행히 재형씨 여자 친구는 남자친구와는 생각이 많이 달랐다. 가입하고 있던 펀드를 환매해서 CMA에 옮겨 놓고 언제라도 결혼자금으로 사용할 수 있게 만들었다. 만기가 몇 달 후인 적금도 만기가 되면 찾아서 CMA에 넣고 결혼 전까지 매월 추가로 저축할 수 있는 돈도 언제든지 현금화를 시킬 수 있는 CMA로 모아 나가자는 내 의견에 잘 따랐다.

몇 달 후에 글로벌 금융위기가 터졌고 재형씨 펀드는 반토막 났다. 그때까지 얻은 수익은 현금화 시킬 수 있는 기회가 있었지만 투자에 대한 과도한 자만심으로 결국 적기를 놓치고 전부 허공으로 사라졌다. 원금손실도 꽤 났다. 2009년 봄에 올리기로 했던 결혼식은 그 때 못했다. 펀드원금이 어느 정도 회복된 2010년이 돼서야 비로소 결혼식을 올렸다. 그 시간동안 두 사람이 마음 고생한 사연은 한편의 소설이다. 중간에 헤어지지 않고 무사히 결혼식을 올린 것만도 다행이었다. 상담 받으러 와서 허세를 부리던 당당한 모습은 사라지고 펀드 투자실패로 여자 친구에게 돈 관리 능력에 대한 신뢰를 완전히 잃었다. 결혼 후에 두 사람이 버는 돈 관리는 스스로를 재테크 고수라고 여겼던 재형씨가 아니라 원칙대로 묵묵히 실천했던 여자 친구가 하고 있다.

자신이 실제보다 훨씬 많이 알고 있으며 더 잘 할 수 있다고 여기는 심리적 오류를 '자기과신 효과'라고 한다. 사람은 자신의 능력을 실제보다 과대평가하는 경향이 있는데 스스로에 대한 자신감이 커지면 커질수록 더욱 자만한다. 이렇게 심리적 오류에 휩싸여 스스로에 대한 평가를 냉정하게 하지 못한 채 매일 수많은 판단을 하고 의사결정을 한다는 것이 문제다. 자기가 믿고 싶어 하는 정보만 받아들이는 확증편향까지 합세하면 재형씨처럼 자신감을 넘어 오만해지기까지 한다.

재형씨는 그 무렵 펀드에 투자했던 사람들이 대부분 수익을 많이 냈고, 자신이 아주 특별한 투자자가 아니라 그들보다 조금 나은 정도라는 사실을 직시했어야 했다. 자신의 능력을 과대평가해서 자신만 예외적으로 수익을 많이 내고 있다고 착각하지 말았어야 했다. '자기과신 효과'에 푹 빠져 다른 사람들의 성공은 눈에 들어오지 않았고 내 조언은 귀에 들리지 않았다. 큰 수익을 올리고 긍정적인 투자경험을 보유한 상태에서 잠시 투자를 쉬어 갈 수 있는 적절한 기회도 놓쳤다. 그 결과는 참담했다. 몇 년에 걸쳐 어렵게 얻은 40% 이상의 수익을 한 순간에 모두 반납했다. 마음고생은 고생대로 하고 결국 나중에 원금만 찾았다. 투자 상품의 수익률이 올라갈 때는 자신감이 하늘을 찌르지만 일단 폭락하기 시작하면 계속 떨어질 것 같고 급기야는 원금마저 다 사라질 것 같은 공포에 사로잡히는 것이 보통 사람들의 심리다. 독자 분들도 잘하고 있을 때 더 겸손하게 원칙과 기본을 지키면서 돈 관리를 해야 한다. 그 순간 혹여 라도 '자기과신 효과'에 빠져 생각과 행동을 잘못하기라도 하면 재형씨와 마찬가지로 악몽을 심하게 꿀 수 있다. 실수는 한순간이고 그 실수는 상처를 크게 오래 남긴다.

'짝퉁' 재무설계 전문가와 '참' 전문가를 잘 구별해야 한다

이 책을 읽는 지금 이 순간부터 눈감을 때까지 우리 앞에는 해결해야 할 여러 가지 재무목표가 놓여 있다. 그 목표 중에는 의외로 쉽게 달성할 수 있는 것이 있고 많은 노력을 기울여도 달성하기 어려운 목표도 있다. 스스로 해결할 수 있는 목표가 있고 신뢰할 수 있는 전문가의 도움을 받으면 훨씬 수월하게 달성할 수 있는 목표도 있다. 그 먼 길을 혼자서 걸어가기는 생각처럼 간단하지 않다. 당신 옆에 툭 터놓고 믿고 맡길 수 있는 전문가가 있는 것과 없는 것의 차이는 잘 모르는 먼 길을 걸어갈 때 당신이 지도를 소유한 것과 그렇지 못한 것과 같다. 목표를 향해 걸어갈 때 동행이 돼주고 길을 잃고 헤매는 당신을 다시 바른 길로 안내해주는 역할이 전문가의 역할이다. 목마를 때는 오아시스를 찾아준다. 혼자 걷는 밤길이 무섭고 고독할 때는 말동무가 돼주기도 한다. 그런데 문제는 그런 전문가를 어떻게 하면 잘 찾을 수 있는가이다. 자신이 전문가라고 칭하는 사람들은 무수히 많은데 옥석을 가리기가 어렵다. 잘 못 만나면 만나지 않은 것만도 못한 결과가 벌어진다. 자신을 위한 전문가가 아니라 당신을 위한 제대로 된 전문가를 찾을 때 꼭 알아둬야 할 사항에 대해 살펴보자.

첫째, 재무상담은 돈 많은 사람들만 받는 게 아니다.

"재무상담은 돈 많은 사람들이나 받는 거 아닌가요? 나중에 돈 많이 모으면 그때 상담 받을게요." 이렇게 말하는 사람들을 흔히 본다. 대단한 착각이다. 돈 많은 사람들은 가만히 앉아 있어도 달려와 도움을 주고 싶어 안달하는 사람들이 주위에 많다. 그러다 보니 실제로 고급정보를 많이 얻고 돈을 불릴 기회도 흔하다. 은행이나 증권회사 같은 금융회사에 가면 럭셔리하게 PB룸을 차려놓고 VIP고객에게 온갖 특별 서비스와 고급 정보를 제공한다. 사모펀드처럼 그들만을 위한 상품을 만들어 주기도 한다. 정보가 돈이라는데 그들에게는 항상 고급정보가 넘쳐난다. 하지만 VIP가 아닌 사람들에게는 그런 기회가 별로 없다. 그래서 재무 상담을 받아야 한다. 전문가와의 상담을 통해 방법을 조금만 바꾸거나 잘못된 것을 바로잡아도 장기적으로 수천만 원 또는 수억 원을 버는 것과 마찬가지 효과가 있다. 애써 번 돈을 효과적으로 잘 모으고 불릴 수 있는 시스템을 만들 수 있다. 궁금한 게 있으면 언제든지 전문가가 친절하게 설명해준다. 은행이나 증권사에서는 PB서비스를 받지 못하더라도 당신만을 위해 1:1로 특별과외를 해주는 좋은 PB를 옆에 둘 수 있다.

학교 다닐 때 돈을 잘 관리하는 방법이나 경제나 금융에 대해 배울 기회가 있었나? 관심을 가지고 발품을 팔아 찾아다니지 않았다면 그런 기회는 전혀 없었을 것이다. 그런 상태에서 취업하면 학생 때 받아보지 못했던 큰돈을 월급으로 받

게 된다. 월급 받으면 저축을 먼저 하기보다는 쓰는 것부터 먼저 배운다. 스스로는 돈 관리를 잘 못하고 금융상품에 대한 지식이 없으니 쓸모없는 금융상품만 잔뜩 가입해 큰 손해를 보기도 한다. 재무상담은 라이프 사이클에 맞춰 재무목표를 바로 세울 수 있게 도와준다. 현상을 파악해 잘못하고 있는 것을 바로 잡아준다. 중요한 목표와 긴급한 목표의 우선순위를 정해 반드시 겪게 되는 재무사건들을 효과적으로 대비하게 도와준다. 스스로 이 모든 것을 할 수 있나? 경험에 비춰보면 10명 중에 1~2명만 제대로 한다. 50%는 그런대로 따라 하기는 하지만 돈이 펑펑 샌다. 나머지는 말할 것도 없다. 당신이 제대로 된 전문가를 만나 재무상담을 받아야 하는 이유다.

둘째, 무료상담이나 유료상담이나 별 상관없다. 제대로 된 사람이 중요하다.

재무상담이 유료냐 무료냐는 사실 큰 차이가 없다. 어떤 컨설턴트를 만나 제대로 상담받느냐가 더 중요하다. 상담의 질에 대해서는 어느 것이 더 좋다고 말하기 힘든 '복불복'인 재무설계 시장 환경이다. 유료든 무료든 재무상담을 제대로 하는 회사나 컨설턴트를 만나 도움을 받는 게 중요하다. 회사가 믿을만하더라도 컨설턴트가 불량인 경우가 있고 회사는 잘 알려져 있지 않아도 컨설턴트는 양호한 사람을 만날 수 있다. 물론 회사도 신뢰가 가고 컨설턴트도 믿음이 가는 경우도 있다. 요즘은 보험회사 설계사들도 대부분 재무설계를 기반으로 상담하기 때문에 보험회사와 재무설계 회사를 구분하는 것도 별로 중요치 않다. 무료상담에 대해 의심을 많이 하는데 다른 의도보다는 상담자를 많이 확보하기 위한 고육지책이다. 상담을 아무리 신뢰 있게 해도 상담할 사람이 없으면 일을 계속할 수 없기 때문이다.

우리나라에서는 소비자가 재무상담을 받으면서 합리적인 수준의 비용을 내려는 사람이 별로 없다. 그러다 보니 상담수수료보다는 제휴된 금융회사의 상품을 판매해서 받게 되는 상품판매수수료가 회사나 컨설턴트 수입에서 많은 비중을 차지한다. 유료든 무료든 상담 고객에게 금융상품 솔루션을 제안하고 상품가입을 권유해 수익을 올리는 구조는 대부분 비슷하다. 컨설턴트가 소비자의 이익을 먼저 고려하고 그 다음에 컨설턴트의 수수료를 염두에 두는지 아니면 자신의 이익을 위해 소비자를 호갱으로 만드는지에 대해 잘 판단해야 한다. 후자라면 과감하게 상담을 중단해야 한다. 결론적으로 무료면서 소비자의 이익을 먼저 고려하는 믿을 수 있는 컨설턴트에게 상담을 받는 게 비용 면에서 유리하다. 유료로 상담을 받더라도 재무목표에 따라 돈을 모으려면 금융상품이 필요하고 결국 컨설턴트의 도움을 받아야 한다. 그럴 경우 유료상담보다는 무료상담이 소비자에게 유리하다.

셋째, 돈을 모으고 굴리려면 금융상품 가입은 필수이다.

재무상담을 입에 거품 물고 비판만 하는 사람들이 가끔 있다. 자신들의 이해관계에 따라 비판의 내용이 달라지기도 한다. 컨설턴트들이 추천하는 금융상품들에 대해 대안 없는 비판을 주로 하는데 그런 이야기를 들으면 그들에게 반문하고 싶다. 그럼 어떤 상품을 이용해서 돈을 모으고 불리느냐고? 그들이 비판하는 내용을 자세히 들여다보면 대안이 거의 없지만 그나마 있다면 은행의 예·적금 정도다. 예·적금이 무조건 만능 상품인가? 앞장에서 누누이 언급했듯이 그렇지 않다. 인플레이션에 따른 화폐가치 하락의 위험에 노출돼 있기 때문에 1~2년 이내에 사용할 목적자금 용도가 아니라면 그렇게 바람직한 상품이 아니다. 10년 이상의 장기 목표 용도라면 최악이다. 그들에게 한 번 물어보고 싶다. 정말 재무목표를 기반으로 돈을 모으고 불려봤냐고.

사실 우리가 이용할 수 있는 금융상품은 별로 많지 않다. 각 상품의 장점과 단점을 잘 알고 재무목표와 기간에 따라 적합한 상품을 취사선택해야 한다. 금융상품 중에 절대 강자는 없다. 장점만 있는 상품도 없다. 단점 1~2가지는 다 가지고 있다. 당신이 이용할 수 있는 금융상품을 한 번 손에 꼽아보자. 예·적금, 펀드, 보험, ELS 같은 파생상품, 채권, 주식, ETF, 신탁, 주택청약종합저축 등 대개 그 정도 수준이다. 이 상품도 다 활용하려면 보통 사람들에게는 버겁다. 많을 것 같지만 실상은 그렇지 않다. 재무상담을 받은 후에 재무목표와 일치하는 금융상품 가입은 필수다. 그래야 돈을 모으거나 불릴 것 아닌가? 가만히 있으면 당신 돈이 자동으로 굴러가나? 그렇지 않다. 상담 후에는 자신의 목표에 딱 맞는 금융상품을 잘 선택해야 하는 숙제가 남는다. 컨설턴트로부터 금융상품을 추천받으면 그 상품이 당신의 재무목표와 잘 맞는 상품인지 그것부터 살펴봐야 한다. 어차피 금융상품에 가입해야 하는데 컨설턴트의 추천 없이 당신이 금융상품을 고르는 것은 발품과 시간 낭비다. 제대로 된 상품을 고를 가능성도 눈에 띄게 떨어진다. 여러 상품을 비교하는 것도 어렵다. 적합한 금융상품을 골라주면 차라리 고마운 수고라고 여기면 된다. 내 몸에 맞지 않고 내 맘에 들지 않는 상품을 권유하면 가입하지 않으면 그만이다. 재무상담 과정에서 상품 추천을 하는 것을 꼭 색안경을 끼고 볼 필요는 없다. 정 의심스러우면 이렇게 한 번 물어봐라. 추천해준 금융상품 중에 컨설턴트에게 수익이 많은 상품은 어떤 건지? 수익이 전혀 없거나 별로 없는 상품은 무엇인지? 그것만 물어봐도 컨설턴트가 어떤 의도에서 금융상품을 추천해줬는지 한 눈에 알아볼 수 있다. 그다음 선택과 결정은 당신의 몫이다. 가끔 금융상품에 가입하라고 할까봐 재무상담 받기를 꺼리는 사람들이 있는데 현명하지 못하다고 생각한다. 당신은 성인이고 자유의지가 있다. 선택하기 싫으면 하지 않으면 그만이다. 비판만 하는 사람에게는 대안이 어떤 게 있는지도 꼭 물어보자. 어쩌면 비판만 하고 대안을 제시하지 못하는 그들이 나의 재무 상태를 더 나쁘게 만들 수도 있다.

넷째, 보험만 가지고 승부를 거는 컨설턴트는 경계하자.

재무상담 후에는 딱히 가입할 금융상품이 없는 사람들을 제외하고는 대부분 금융상품을 추천받는다. 그런데 이때 보험 상품으로만 잔뜩 포트폴리오를 짰거나 구색 갖추기 식의 '눈 가리고 아웅'하는 솔루션을 제안하는 사람들은 경계해야 한다. 컨설턴트가 추천하는 금융상품 중에 보장성 상품이든 저축성 상품이든 보험 상품이 다른 금융상품과 비교해 수수료 수입이 압도적으로 크다. 그러다 보니 컨설턴트 중에는 상담을 잘 해놓고 고객을 위해서가 아니라 자신을 위해 솔루션에 보험 상품만 가득 담아 추천하는 사람들이 종종 있다. 아니면 구색 갖추기로 적금이나 펀드는 적은 금액을 추천하고 나머지는 모두 보험 상품을 권하는 사람도 있다. 당신의 재무목표가 만일의 사고나 질병에 대한 대비나 노후 준비 두 가지밖에 없다면 몰라도 그렇지 않다면 이런 컨설턴트는 경계해야 한다. 그들은 당신을 위해서 재무설계를 한 것이 아니라 자신의 이익을 위해 재무설계를 수단으로 삼은 것이라고 보면 정확하다. 장기 보험 상품의 중도인출 기능을 강조하며 만능상품처럼 추천하는 사람은 특히 더 조심해야 한다. 이 사람들 말을 믿고 단기 목표에 쓰려고 그런 상품에 가입했다가 나중에 돈이 필요할 때 피눈물을 흘리게 된다.

다섯째, 첫 세팅에는 많은 시간이 필요하지만 그 후 관리에는 큰 노력이 들지 않는다.

재무상담을 처음 받을 때는 최소 2~3차례에 걸쳐 상담이 진행되기 때문에 많은 시간과 노력이 든다. 그 후에 가입한 금융상품이 만기가 돼서 재투자를 해야 하거나 사소한 변경 사항을 처리하는 데는 그리 많은 시간과 노력이 필요치 않다. 초기에는 컨설턴트의 시간과 노력이 많이 들어가지만 사후관리를 위해서는 처음과 비교하면 비용을 받을 정도로 큰 품이 들지 않는 편이다. 가끔 사후관리를 잘 해주겠다고 관리비용을 청구하는 회사나 컨설턴트들이 있는데 관리비용까지 지불하면서 관리를 받을 필요까지는 없다는 것이 내 평소 생각이다. 자칫 잘못하면 관리를 위한 관리가 되어 결과가 더 나쁠 수 있다. 그러한 비용은 고객마다 약간의 차이는 있겠지만 컨설턴트가 추천한 상품을 가입한 대가로 충분히 지불됐다고 생각한다. 게다가 대부분의 컨설턴트들은 사후관리를 서비스 차원에서 제공하기 때문에 별도로 비용까지 내가면서 관리를 받을 필요는 없다고 생각한다. 단, 철저하게 고객에게 상품 가입을 권유하지 않고 수수료만으로 재무상담과 관리를 제공하는 회사는 예외겠지만 그런 회사나 컨설턴트는 드물다. 컨설턴트와 고객이 수수료를 바라보는 차이가 크기 때문에 현재 형성되어 있는 상담이나 관리 수수료만으로 재무설계업을 지속하기가 어려운 게 현실이기 때문이다.

여섯째, 컨설턴트의 경력에 대해서 질문하고 사후관리를 어떻게 해줄지 물어라.

기본적으로는 컨설턴트의 재무설계에 대한 오랜 경력과 경험은 중요하다. 가능하면 연륜이 쌓인 컨설턴트에게 재무상담을 받는 게 유리하다. 하지만 일을 시작하자마자 처음부터 연륜이 쌓인 컨설턴트는 없다. 부단한 자기 계발과 고객과의 많은 상담을 통해 내공이 쌓여 가는 것이다. 연륜이 짧더라도 고객을 위해 열심히 일하는 컨설턴트라면 새로운 고객을 만들기 위해 더 많이 노력하고 편의를 더 잘 제공할 수 있

부자의 감각

다는 장점이 있기 때문에 기회를 줘야한다. 때론 연륜이 쌓인 컨설턴트 중에 매너리즘에 빠져 기계적으로 상담을 진행하고 고객관리를 소홀히 하는 사람들도 있다. 단, 재무상담은 인생 상담과 유사하기 때문에 재무설계에 대한 경험은 짧더라도 인생이나 사회 경험은 많이 해본 컨설턴트가 더 도움이 된다. 재무상담 초기에 컨설턴트에게 프로필을 요청해서 컨설턴트의 경력을 검증해보는 것이 좋다. 컨설턴트의 경력을 이해하면 컨설턴트의 조언을 가려들을 수 있다. 요즘처럼 철새 설계사들이 많아 기존 고객들을 위한 사후관리가 잘 안 되는 상황에서는 그들의 이력을 통해 일에 임하는 자세와 신뢰의 정도를 추정해볼 수도 있다. 상담 말미에는 사후관리를 어떻게 해 줄지에 대해서도 구체적으로 질문하라. 상담을 통해 고객으로 만드는 과정은 누구나 잘 하지만 고객이 된 후 사후관리를 잘하지 않거나 못하는 컨설턴트가 많기 때문에 사전에 이런 사항을 명확하게 해놓지 않으면 정작 도움이 필요할 때 도움을 받지 못한다.

9

수입의 몇 %라는
프레임에 생각을 가두지 마라

프레이밍 효과

맞벌이 함정에 빠지지 않고
부를 지키는 6가지 방법

이 책을 쓰는 지금 총선 선거운동이 한창이다. 이번 총선은 물론 선거 때마다 방송이나 언론에 프레임이라는 단어가 늘 등장한다. 정치인이나 정당이 선거의 프레임을 어떻게 짜느냐에 따라 선거에서 이기기도 하고 지기도 한다. 선거가 끝난 후에 선거결과를 평가할 때도 프레임을 잘 짜서 선거에 승리했다 혹은 프레임을 잘못 선정한 게 결정적인 패인이라고 말하기도 한다. 사람들이 정보를 제시하는 방법에 따라 의미를 완전히 다르게 받아들이기 때문에 선거에서 표를 많이 얻어 당선되려는 정치인은 물론이고 주변에서 흔히 만나는 판매자들도 프레임을 잘 사용해 그들의 목적을 최대한 달성하기 위해 애를 쓴다.

얼마 전에 둘째를 낳고 더 이상 직장 생활을 하는 게 힘에 부쳐 두 아이 육아에만 전념하겠다고 마음먹은 고애란씨가 찾아왔다. 애란씨는 첫 애를 낳자마자 육아 도우미에게 아이를 맡기고 바로 복직했다. 항상 시간에 쫓겨 살았지만 직장 생활과 가정 생활을 빈틈없이 해 나가면서 어느 것 하나 소홀하지 않으려고 최선을 다해왔다. 하지만 두 살 터울로 둘째를 낳고는 직장생활을 더 이상 이어나갈 자신이 없어 퇴직했다. 문제는 그때부터 생겼다. 맞벌이 수입이 600만 원일 때는 육아도우미 비용을 지출하고도 빠듯하지만 저축도 하면서 살았는데 막상 직장을 그만두고 신랑 수입 330만 원으로 생활비를 충당하려니 매달 저축은 고사하고 계속 마이너스가 났다. 외벌이로 전환돼 수입이 대폭 줄어 지출할 때마다 신경 쓰며 살았지만 상황은 개선되지 않았다. 결혼하고 처음으로 가계부를 쓰면서 지출 내역을 꼼꼼히 따져보니 네 식구 보험으로 매달 45만 원씩 넣고 있는 보장성 보험료가 가장 큰 문제였다. 보험료를 줄이고 싶은데 어떻게 줄여야 하는지 잘 몰라 고민하다 나를 찾아왔다.

애란씨에게 왜 이렇게 보험료를 쓸데없이 많이 불입하는지 물으면서 먼저 가입할 때 상황부터 파악했다. 뭔가 집히는 게 있었다. 신혼 초에 보험 상담을 해줬던 설계사는 최소한 월수입의 8%는 보장성 보험에 가입해 가계에 닥칠지 모르는 만일의 위험에 대비해야 한다고 철칙처럼 말했다. 설계사가 이야기하는 월수입의 8%가 귀에 쏙 들어오기도 했고 인터넷이나 재테크 책에서도 그런 이야기를 많이 접했기 때문에 남들도 다 그렇게 보험에 가입하는 줄 알고 별다른 고민을 하지 않았다. 그 당시 맞벌이 수입이 450만 원이었는데 그 수입의 8%인 월 36만 원을 불입하는 조건으로 부부의 보험을 들었다. 그 후에 아이를 가질 때마다 태아보험에 가입하다 보니 지금은 가족의 보험료 합계가 45만 원이나 됐다. 애란씨가 직장을 그만두고 남편 수입 330만 원으로 살게 되니 지금 내는 보험료가 감당이 되지 않았다.

"그러면 지금은 수입의 몇 %를 보장성 보험료로 불입하나요?"

"10%가 넘네요."

"그럼 처음 보험에 가입할 때 그 설계사분이 가계 월수입의 8%를 보장성 보험료로 내야 한다고 했는데 계산해보니 무려 월수입의 13.6%입니다. 뭔가 이상하지 않은가요?"

"그런 것 같네요."

"한 마디로 말씀드리면 설계사의 프레임에 말려들었습니다. 설계사는 월수입의 8%라는 프레임을 만들어 놓고 애란씨 부부가 그 틀 안에서 생각하고 의사결정을 하게끔 만들 의도가 있었습니다. 먼저 월수입의 8%라는 프레임을 제시하면서 보장성 보험료로 수입의 8%를 불입하는 것을 공식처럼 만들었습니다. 다른 생각을 하지 못하게 만든 겁니다. 한 마디 더 덧붙였을 겁니다. 남들도 다 그렇게 한다고. 아니면 신문이나 잡지에 실린 재테크 기사 중 "월수입의 8%가 보장성 보험료로 적절하다"라는 헤드라인에 빨간 줄을 죽 그어 보여주면서 자신의 말이 옳다는 것을 증명했을 겁니다. 애란씨가 인터넷이나 책에서 봤듯이 그런 제목의 기사는 인터넷상에 많이 떠돌아다닙니다. 그 설계사는 그런 기사를 잘 이용한 거지요. 그런 것 같지 않나요?"

"맞는 것 같아요."

"한 가지 이유가 더 있습니다. 그 설계사가 알고 활용했든 모르고 사용했든 '닻 내리기 효과'라는 심리효과를 노리기도 했습니다. 그 당시에 애란씨 부부 수입 8%인 36만 원을 보험료로 처음 제시하면서 애란씨 부부의 생각을 36만 원이라는 닻에 의도적으로 고정시켜 놓은 겁니다. 어떤 값을 추정할 때 초기값을 근거해서 판단하게 되는 것을 '닻 내리기 효과'라고 하는데 이렇게 처음에 수입의 8%인 36만 원을 보험료로 제시하면 대부분 다른 값을 생각하기보다는 초기값을 놓고 고민하게 됩니다. 정작 부부의 보험료로 월 20만 원 정도면 충분한데도 말입니다. 설계사 입장에서는 애란씨 부부가 처음에 제시한 36만 원을 선택하지 않고 36만 원에서 10만 원이 줄어든 26만 원에 계약해도 성공한 거지요. 아마 보험 가입 당시를 생각해보면 보험료에 대해 고민할 때 20만 원이나 다른 금액이 아니라 36만 원을 기준점으로 놓고 고민했을 겁니다. 그렇지요?"

"잘 기억은 나지 않지만 월수입의 8%는 보험료로 불입해야 한다는 설계사의 말을 철칙처럼 믿었던 것 같아요. 그 자리에서 바로 신랑과 함께 사인했거든요."

"지나간 과거는 어쩔 수 없고요. 지금은 보장도 적절하게 받으면서 보험료를 최대한 줄이는데 집중해야 할 것 같습니다. 자세한 건 조금 더 검토해봐야 하지만 제가 언뜻 살펴보니 가족의 총 보험료를 월 25만 원 이내로 줄이는 게 가능하겠네요. 구체적인 내용은 다음번 상담에서 자세히 설명해 드릴게요."

사람들은 흔히 단어나 관점이 달라지는 것에 따라 사건을 보는 시각과 느낌을 다르게 받아들이는데 정보를 제시하는 방법에 따라 받아들이는 의미가 달라지는 것을 '프레이밍 효과'라고 한다. 정치인들이나 판매자들은 이를 전략적으로 이용하고 유권자나 소비자는 이런 전략에 쉽게 넘어간다.

애란씨 부부도 설계사의 '프레이밍 효과'를 이용한 의도적인 전략에 단번에 넘어갔다. 게다가 프레이밍 효과와 다른 심리적인 기제들이 같이 작동하면 소비자는 무방비 상태가 된다. 설계사가 의도했던 의도하지 않았던 '닻 내리기 효과'라는 심리기제도 함께 사용해서 목적을 달성했다. 애란씨 부부가 판매자들이 사람의 심리를 이용해 즐겨 쓰는 이런 전략을 미리 알았더라면 쉽게 넘어가지 않았을 것이다. 이럴 때는 몇 가지 질문만 해보면 '월수입의 8%'라는 프레임이 오류라는 것을 금방 알 수 있다. "맞벌이 수입에서 외벌이 수입으로 전환되면 보험료가 월수입의 8%가 넘을 텐데 이럴 때는 어떻게 해야 하나요?"라든지 "아이를 낳으면 전체 보험료가 늘어나는데 그렇게 되면 8%가 넘을 텐데, 이럴 때는 어떻게 하나요?" 아마 능숙한 설계사가 아닌 이상 이런 질문을 받으면 한참 동안 말을 못하고 더듬거릴 거다. 그렇지 않으면 말도 안 되는 논리를 제시하기 때문에 설계사의 이야기가 틀렸다는 것을 금방 알아챌 수 있다. 잘 짜인 프레임으로 판매자에게 설득당할 때는 "정말 그런가?"라는 질문을 스스로에게 한 번 던져봐라. 대부분 그렇지 않다.

미국 중산층 가정의 재정위기를 다룬 '맞벌이의 함정'의 저자인 '엘리자베스 워런'은 미국에서 맞벌이 부부 특히 고소득 전문직 맞벌이 부부의 파산이 증가하고 있다는 사실을 지적해 많은 독자들을 놀라게 했다. 나 역시 오랜 현장 경험을 통해 맞벌이 부부들의 의식이나 재정적인 문제에 대해 심각하게 느낀 적이 아주 많다. 그들은 대개 결혼 전부터 문제를 하나씩 쌓아가다가 자의든 타의든 외벌이 수입으로 바뀌면서 결국은 애란씨처럼 재정적인 어려움에 처한다. 그렇지 않으면 이미 벌려놓은 일의 재정적인 뒷감당 때문에 육아에 전념하고 싶어 회사를 그만두려 해도 울며 겨자 먹기로 마지못해 직장을 다닐 수밖에 없는 부부들도 많다. 애란씨 사례를 떠올리면서 결혼해서 맞벌이를 하거나 현재 맞벌이하는 부부들에게 줄 재무적인 조언 몇 가지를 생각해봤다.

첫째, 모든 문제는 결혼 전부터 잉태된다.

결혼한 맞벌이 부부들의 재정적인 어려움은 결혼 후에 새롭게 시작되는 게 아니라 결혼 전부터 잉태된다. 과거와 달리 결혼비용이 감당하기 어려울 정도로 올라갔고 결혼식이나 신혼집을 남들 하는 것처럼 준비하려고 하지만 그에 반해 재정적인 준비는 턱없이 부족하다. 게다가 대출 금리는 역사상 최저금리고 은행은 대출을 해주려고 안달이다. 그러다 보니 이런 요소들이 복합적으로 작용해 결혼 전부터 빚을 크게 지는 신혼부부가 많다. 신혼집 값이 턱 없이 올라갔기 때문에 빚지지 않고 결혼해야 한다는 원론적인 이야기를 하기 어려운 게 현실이다. 서울이나 수도권에서 보통 신혼부부들이 자력으로 모두 준비해서 결혼하려면 내 집이 아닌 전세로 신혼집을 얻는다고 해도 마흔 살 가까이는 돼야 가능하다. 그러면 너무 늦다. 결혼할 때 어쩔 수 없이 빚을 져야 한다면 가능한 적게 내야 한다. 이때 반드시 유념할 게 있다. 결혼해서 맞벌이를 계속 한다고 가정해서 빚을 내면 안 된다. 신혼부부들의 빚의 규모를 보면 대부분은 2~3년 안에 전부 상환할 수 있는 적은 금액이 아니다. 대출이자가 싸기 때문에 가능하면 여유 있게 빚을 내려는 부부들도 많다. 아이 없이 살 생각이 아니라면 결혼 후 몇 년 안 돼 아이를 낳게 된다. 출산 전이나 출산 후 휴직으로 이때부터 바로 맞벌이 수입이 줄게 된다. 이때까지 빚이 별로 줄지 않기 때문에 애란씨처럼 곧바로 재정적인 어려움을 겪게 된다. 대출금리 면에서도 한 번 생각해봐야 한다. 지금은 이자가 싸고 빚을 내기도 쉽다. 하지만 금융환경이 바뀌어 대출이자율이 올라가면 빚을 낼 때보다 원금과 이자 상환부담이 커질 수 있다. 전세금이 많이 올라 전세 연장을 못 할 수도 있다. 전체 대출 금액 중에 일정 금액을 상환하지 않으면 대출연장이 안 될 수도 있다. 이런 모든 위험들이 동시에 일어날 수 있다는 것을 감안해야 한다. 결론적으로 외벌이 수입이 돼도 대출이자가 올라가도 문제가 생기지 않을 정도로만 빚을 내야 한다.

둘째, 여전히 경제적 가장은 대부분 남자다. 아내가 영원히 일할 거라고 방심하지 마라.

결혼할 부부나 이미 결혼한 맞벌이 부부와 상담할 때 아내에게 꼭 묻는 질문이 있다. "직장생활을 언제까지 계속할 겁니까?" 이런 질문에 대부분 여성의 첫 반응은 비슷하다. 먼저 남성 얼굴을 한 번 힐끗 본다. 결혼할 여성과 이미 결혼한 여성의 대답은 그 후에 조금 달라진다. 결혼하기 전 여성은 "힘 닿는 데까지 계속해야죠." 이렇게 대답하고 결혼한 여성은 "글쎄요."라고 답한다. 이렇게 대답하는 데는 결혼해서 아이를 낳은 여성이 직장생활을 계속하는 게 남성보다 불리하다는 현실적인 이유가 적지 않다. 게다가 아이를 잘 돌봐주지 못한다는 죄책감도 있다. 외벌이보다 정보력이 부족하고 교육에 신경 쓸 시간도 적어 '아이들이 좋은 학교에 못 가면 어떡하지'라는 불안감도 크다. 결론적으로 남성들은 타의가 아닌 자의로 직장을 그만 둔다는 생각을 하지 않지만 대부분의 여성들은 잠재적으로 직장을 언제라도 그만 둘 수 있다고 생각한다. 그렇게 되면 수입이 줄고 가계재정이 빡빡해지거나 큰 어려움에 처하기도 한다. 결혼 초부터 바짝 긴장해 언제든지 외벌이로 변신해도 문제가 없을 가계재무구조부터 만들어 놓아야 한다.

셋째, 출산 후 복직까지 수입이 주는 시기를 대비해 여유자금을 만들어 놓아야 한다.

삶은 계획대로 진행되지 않는다. 계획한 대로가 아니라 어느 날 갑자기 아내가 덜컥 예정에 없던 임신을 할 수 있다. 요즘 추세는 늦게 결혼하는 여성들이 많다. 결혼 연령이 늦어질수록 산모나 아이 건강에 좋지 않아 결혼하면 계획하지 않고 생기는 대로 바로 아이를 낳는 경우가 많다. 이때 앞에서도 언급했듯이 아내의 수입이 줄거나 사라지게 된다. 복직을 하더라도 양가 부모님이 무보수로 아이를 돌봐주지 않는 한 보육비용이 많이 발생한다. 이런 상황을 사전에 미리 대비해야 한다. 아내가 복직할 때까지 줄어든 수입에 맞춰 살 수 있는 여유자금을 미리 만들어 놓아야 한다. 출산 후에는 아이에게 들어가는 비용이 추가로 발생해 생활비가 늘어나고 복직 후에는 육아도우미나 보육시설에 맡기는 비용이 더해진다는 점도 반드시 고려해서 계획하고 준비해야 한다.

넷째, 지출을 늘리는 데는 노력이 필요 없지만 지출을 줄이려면 피나는 노력이 따라야 한다.

결혼해서 한동안 운전면허가 없었다. 그때는 아내가 소형차를 운전하고 나는 조수석에 앉아 있거나 뒷좌석에 아이를 안고 탔다. 남자라서 그런지 아기를 안고 타는 게 엄청 불편하고 힘들던 차에 아내가 둘째를 임신하자마자 운전면허를 바로 취득해 중형차를 샀다. 어느 날 아내 차를 운전하면서 정말 놀랐다. 조수석에 앉아 아내가 운전하는 차를 탈 때는 전혀 느끼지 못했던 소음과 중형차인 내 차와는 다른 핸들 조작의 빡빡함에 그 이후로 다시는 아내 차를 운전하지 않았다. 좋은 차를 타는 것은 노력할 필요가 없이 금방 익숙해지지만 그보다 등급이 낮은 차를 타려면 온갖 불편을 감수하고 적응하려는 노력이 따라야 한다. 심적으로도 좋은 차를 타다가 어쩔 수 없이 그보다 떨어지는 차를 타게 되면 자괴감을 느끼기도 한다. 마찬가지로 결혼 초에 맞벌이 부부는 두 사람이 버는 데다 애가 없어서 외벌이에 비해 상당히 풍족하다. 여유가 있고 부담이 없다 보니 지출이 계속 는다. 이런 생활에 익숙하다 수입이 줄게 돼 지출을 줄이려면 상당히 고통스럽다. 긴장해서 지출을 줄이려고 얼마간 노력하다가도 쉽게 굴복당하는 경우가 많다. 늘어난 지출을 줄이는 노력이 그만큼 고통스럽기 때문이다. 결혼 초에 아이도 없고 여유 있다고 지출을 무분별하게 늘리지 말고 예산을 세워 합리적으로 지출하는 습관부터 만들어야 한다.

다섯째, 아이 낳기 전에 저축을 최대한 많이 해라.

저축을 최대한 많이 할 수 있는 시간은 첫 아이를 낳을 때까지다. 아이를 낳으면 지출이 확 늘기 때문에 저축 여력이 상당히 줄어든다. 아내가 출산 휴가로 수입이 줄거나 중단되면 남편 수입만으로는 저축 여력이 거의 없다. 게다가 앞에서 언급한 것처럼 결혼 초에 지출이 크게 늘어나 있는 상태라면 갑자기 줄이기가 정말 힘들다. 결혼과 동시에 바짝 긴장해 첫 아이 낳을 때까지 최대한 저축해서 돈을 모아야 그 이후의 생활이 다소 평탄해진다. 그 시간을 놓치면 늘 허덕거리며 살게 될 확률이 높다. 연차가 늘면서 월급이 올라가지만 아이 양육이나 교육으로 지출도 덩달아 늘어나기 때문에 늘어난 수입만큼 더 쓰는 게 일반적이다. 첫 아이 낳을 때까지는 무조건 최대한 저축해라. 길러진 좋은 습관은 덤이다.

여섯째, 결혼 전에 가입한 보험이 다가 아니다.

애란씨 사례에서 보듯이 두 사람이 결혼 전까지 가입한 보험이 다가 아니다. 아이를 임신하면 태아보험을 들어야 하고 경제적 가장인 남편의 사망보험금을 더 키워야 한다. 만일의 사고나 질병이라는 불의의 사고로 경제적 가장이 사망이라도 하게 되면 사망보험금은 남은 가족을 지켜주는 마지막 보루다. 갑자기 가장이 사망하게 되면 처음에는 슬픔이 전부지만 한 달이 못 돼 경제적인 곤란을 겪게 된다. 아이를 가지면 경제적 가장의 사망보험금을 키워야하는 이유이다. 보험도 결혼 초부터 꼭 필요한 내용만 가입하고 불필요한 것은 가능한 한 빨리 해지하는 게 좋다. 앞으로 반드시 일어나는 아이들 교육비, 가족을 위한 주택자금, 부부의 노후자금에 저축하기 보다 발생할지 발생하지 않을지 모르는 위험 대비를 위해 보험료로 더 많은 돈을 내는 것은 적절치 않다. 과하지도 부족하지도 않게 저비용&고효율의 보장대책을 수립해서 쓸데없는 보험가입이나 유지로 돈을 낭비하지 마라. 수많은 상담을 해오면서 쓸데없는 보험에 돈을 넣으면서 피 같은 돈을 낭비하는 사람들을 너무 많이 봐왔다. 그 돈만 제대로 저축했어도 삶이 지금보다는 훨씬 더 나아졌을 거다.

10

수영씨가 중국 펀드에
가입하고 쪽박 찬 이유

밴드웨건 효과

직접투자에 자신 없는 사람들을 위한
적립식 펀드 사용설명서

₩ ₩ ₩

    2000년대 들어 저금리가 고착화되고 '저축의 시대에서 투자의 시대'로 라는 캐치프레이즈가 사방에 걸리면서 펀드 전성시대가 열렸다. 하지만 그 당시에 펀드를 판매하는 사람이나 가입하는 사람이나 펀드 투자에 대한 경험이 거의 없었다. 시행착오는 예정돼 있었다. '코스트 에버리징 효과', '장기투자', '분산투자'라는 말만 투자의 정석인 양 난무했다.

    2000년대 중반에 들어서는 펀드 열풍이 더 거세게 불었다. 국내 펀드가 인기리에 판매되며 대박을 치자 증권회사와 은행 같은 펀드판매 회사들은 '국내시장은 글로벌 시장의 2%

밖에 안 된다'며 중국펀드를 필두로 해외펀드 판매에 열을 올렸다. 뿐만 아니라 자산운용사들도 물펀드, 리츠펀드, 와인펀드, 아트펀드, 천연가스펀드, 농산물펀드 등 투자자들의 관심을 끌만한 테마만 발견하면 펀드로 만들어 판매에 온 화력을 퍼부었다. 시중의 여유자금이 대부분 펀드로 쏠렸고 펀드는 투자자들에게 높은 수익률로 화답했다. 하지만 2008년 9월 미국의 대형 투자은행인 리먼 브라더스의 파산으로 촉발된 글로벌 금융위기로 대부분의 펀드는 반 토막이 났다. 화려한 축제는 막을 내렸고 대부분의 투자자들은 반 토막 난 펀드를 들고 이러지도 저러지도 못하면서 한숨만 내쉬었다. 펀드 열풍은 시간이 지날수록 서서히 가라앉았다.

이런 와중에 코로나바이러스감염증 확산으로 글로벌 주가를 비롯해 대부분의 투자자산 가격이 급폭락하면서 투자자들의 불안감이 커지고 있다. 내가 지난해부터 운영하기 시작한 유튜브방송 이천희망TV에 올린 영상들에 ELS나 펀드에 투자했다가 난데없는 전염병 창궐로 글로벌 주가가 급락하면서 불안해진 투자자들의 문의가 줄을 잇고 있다. 덧글들을 하나하나 읽으면서 답글을 달다가 2008년 글로벌 금융위기로 반 토막 났던 펀드들이 대부분 원금을 회복했던 2010년 여름 즈음에 나를 찾아온 수영씨가 갑자기 생각이 났다.

중국펀드에 많은 돈을 투자했던 수영씨는 국내 펀드를 비롯해 해외펀드들도 대부분 원금을 회복했는데, 수영씨가 가입한 중국펀드는 아직도 반 토막이라며 어떻게 하면 좋겠냐고 걱정스러운 얼굴로 물었다. 주요 펀드들 중에 중국펀드만 제자리를 걷고 있어서 나 역시 중국펀드도 곧 반등할 수 있을 거라는 기대심리가 있었다. 지금보다 더 떨어지지는 않을 거라고 판단돼 조금 더 지켜보는 게 좋겠다고 조언했다. 그 당시 수영씨는 5,000만 원을 중국펀드에 투자했는데 그때 환매하면 투자원금을 2,700만 원 밖에 건지지 못하는 상황이었다. 수영씨나 나나 펀드환매에 신중할 수밖에 없었다. 그 돈은 수영씨의 전 재산이었다. 별다른 조언을 해줄 수 없었기에 궁금증이 발동해 여담으로 중국펀드에 가입할 때 상황을 물었다.

수영씨는 은행의 예금과 적금만 주로 이용해서 돈을 모았다. 어느 때부터인가 직장동료들과 대화를 하면 펀드투자를 해서 얼마를 벌었고 이번에는 어떤 펀드에 투자할거라는 등 펀드 이야기가 대부분이었다. 그때마다 동료들로부터 왜 펀드에 투자하지 않고 바보처럼 이자도 얼마 주지 않는 적금만 하냐는 타박을 들었다. 수영씨에게는 그만한 사연이 있었다. 대학시절에 아버지가 주식투자에 실패해 가족들이 경제적인 어려움을 많이 겪었다. 입학금 말고는 4년간 등록금을 아르바이트로 모은 돈이나 학자금 대출을 받아 해결했다. 그때부터 주식처럼 집안을 완전히 말아먹을 수 있는 위험한 투자상품에는 아예 관심이 없었다. 동료들이 펀드투자를 잘 못 하다가 아버지처럼 곧 쪽박을 찰 거라고 생각했다. 그 후로도 한동안 펀드투자로 원금을 두 배나 불렸다거나 돈을 많이 벌었다는 이야기가 끊이지 않았다. 이런 이야기를 들을 때마다 부럽기도 하고 '내가 잘못하고 있는 건 아닐까'라는 의문이 들긴 했다. 동료들은 수영씨에게 대박이 날 펀드를 알려줄 테니 그 펀드에 투자하라고 몇 번이나 답답하다는 듯 가슴을 치면서 권유했다. 하지만 수영씨가 꿈쩍도 안하자 그 후로는 펀드에 투자하라는 말을 더 이상 하지 않았다.

그런데 문제는 직장동료가 아니라 은행에서 터졌다. 입사하자마자 첫 달부터 매달 100만 원씩 3년 만기로 가입했던 적금이 만기가 됐다. 날아갈 듯 가벼운 발걸음으로 온갖 즐거운 상상을 하며 은행을 방문했다. 난생 처음 만져보는 큰돈이었다. 3년 동안 매달 100만 원씩 불입하는 게 힘들어 몇 번 중도에 포기하고 싶을 때도 있었지만 잘 이겨내고 결국 만기 적금을 찾는 자신이 대견스러웠다. 창구에서 직원에게 축하인사를 받으면서 만기 적금을 찾기 위한 업무를 보고 있었다. 창구직원은 이 돈으로 무엇을 할 거냐고 물었다.

지금은 딱히 돈 쓸 일이 없고 돈을 더 모아 나중에 결혼자금으로 쓰겠다고 답했다. 창구직원은 그러면 어차피 만기적금을 현금으로 찾을 필요가 없겠다고 하면서 요새 제일 잘 나가는 중국펀드에 가입해보라고 권유했다. 그동안 동료들에게 펀드에 투자하라는 시달림을 당했고 적금만 한다고 바보 취급을 받았던 터라 이번 기회에 펀드에 대해 자세히 알아보기로 했다. 창구직원은 앞으로 중국이 계속 고속 성장할 것이기에 지금 중국펀드에 가입하면 결혼자금이 필요한 2~3년 후쯤엔 높은 수익이 날 것이라고 자신 있게 말했다. 수영씨가 더 솔깃했던 것은 지금까지 연 수익률이 100%가 났다는 창구 직원의 설명과 창구 직원 앞에 놓여있는 '연 수익률 100%'라고 적힌 중국펀드 홍보자료였다. 1년 후면 내가 투자한 돈이 두 배가 된다는 말에 눈이 번쩍 뜨였다. 중국펀드에 대해 설명을 듣고 있었던 30분 동안 다른 창구에서 중국펀드에 대해 물어보고 가입하는 사람이 여럿 있었다. 창구직원은 적금으로 부었던 매달 100만 원은 적립식으로 투자하고 적금 만기금액은 거치식으로 한 번에 펀드에 투자하라고 권했다. 1년만 투자해도 100% 수익이 나면 1억에 가까운 목돈을 손에 쥘 수 있을 거라고 말하면서 열심히 펀드 가입을 권유했다. 미심쩍어 몇 번이나 정말 그렇게 될 수 있냐고 확인할 때마다 창구직원은 확신에 찬 목소리로 '네'라고 답했다. 설명을 들으면 들을수록 동료들이 이야기했던 내용과 비슷해 점점 안달이 나기 시작했다. 결국 적금 만기금액에 돈을 조금 더 보태 4000만 원은 거치식으로, 매달 100만 원씩은 적립식으로 중국펀드에 가입하고 은행을 나섰다.

처음 얼마간은 예금이나 적금과는 비교할 수 없는 수익이 났다. 그러나 펀드에 가입한 지 1년이 채 안 돼 사달이 났다. 글로벌 금융위기가 터진 것이다. 그때부터 악몽이 시작됐다.

서커스나 퍼레이드 행렬의 맨 앞에 선 악단이 탄 마차를 '밴드웨건'이라고 한다. 퍼레이드 행렬의 맨 앞에 악단이 연주하는 '밴드웨건(악대차)'이 가면 많은 사람들은 무슨 일인지 궁금해서 이 차를 따라간다. 그 따르는 많은 사람들을 보고 호기심에 더 많은 사람들이 모여든다. 이렇게 많은 사람들이 '밴드웨건'을 보고 아무런 이유 없이 따라가는 심리처럼 '남이 사니까 나도 산다.'는 심리로 상품을 구매하게 되는 현상을 '밴드웨건 효과'라고 한다. 기업들은 자신들이 만든 유·무형의 상품 판매를 늘리거나 소비자의 충동구매를 유도하기 위한 마케팅 수단으로 '밴드웨건 효과'를 자주 사용한다.

글로벌 금융위기로 펀드가 폭락하기 전까지 대부분의 펀

드 투자자들은 수영씨처럼 '묻지마' 또는 '카더라'식으로 펀드에 가입했다. '남들이 좋다니까', '금융회사 직원이 권하니까', '다른 사람들이 펀드투자로 돈을 많이 벌었다니까', '수익률이 많이 난다니까', '남들도 다하니까' 라며 펀드의 장점과 단점에 대해 알지 못한 채 높은 수익률만 바라고 펀드투자를 시작했다. 처음에는 대부분 성공했다. 성공은 욕심을 불렀다. 처음에는 조심스럽게 적은 돈으로 적립식으로 펀드 투자를 하던 사람들이 수익을 조금 보고 나서는 겁 없이 목돈을 예금 대신 펀드에 올인했다. 그러다 수영씨처럼 펀드 폭락으로 마음고생을 많이 했다. 그 배경에는 금융회사들이 사람의 심리를 좌지우지하기 위해 이용했던 다양한 마케팅 전략과 펀드투자자들의 욕심이 함께 어우러져 있었다.

그 당시에 금융회사 직원들은 '남들이 사니까 나도 산다.' 라는 사람의 심리를 움직이는 '밴드웨건 효과'를 펀드판매에 철저하게 활용했다. '다른 사람들이 펀드투자로 돈을 많이 벌었으니까 당신도 펀드투자를 해서 돈을 많이 벌라고' 하면서 고객들에게 무작정 펀드 가입을 권유했다. 1년 후에 반드시 써야 할 돈도, 5년 후에나 쓰게 될 돈도 구분하지 않았다. 은행에 적금하러 가도 적금 말고 적립식 펀드에 가입하라 했고 적금이나 예금이 만기가 되어 다시 예금을 가입하겠다고 해도 만류하고 펀드 가입을 권유했다. 미국 다우지수가 오랜 박스권을 탈출해 10,000포인트 위로 급격히 치솟은 차트를 보여주면서 지금이 펀드투자를 하기에 가장 좋은 시점이라고 부추겼다. 신문이나 방송도 한몫했다. 펀드의 긍정적인 면을 부각해 펀드만이 저금리 시대의 유일한 대안인 것처럼 수시로 펀드에 대해 보도했다. 주요 일간지에는 증권회사들이 자사 펀드 중에 수익률이 좋은 상품을 골라 매일 광고를 내보냈다. 이렇게 '나만 펀드를 안 하면 바보'라는 분위기를 다 같이 만들었다. 수영씨 같은 펀드투자자들은 많은 직장 동료들이 펀드투자로 돈을 번 것을 실제로 옆에서 지켜봤다. 펀드투자에 대한 긍정적인 보도를 하는 언론이 펀드에 대한 믿음을 나날이 키웠다. 신문과 잡지에는 증권회사들이 광고로 간판펀드의 높은 수익률을 제시하며 사람들을 유혹했다. 은행이나 증권회사는 창구에서 무조건 펀드에 가입시키는 것으로 마지막 일격을 가했다. 수영씨나 그때까지 펀드투자를 하지 않다가 막차를 탔던 투자자들은 악대차를 먼저 따라가서 펀드에 투자했던 많은 사람들을 보고 그 뒤를 쫓아갔다가 정작 악단 연주는 들어보지도 못하고 쫄쫄 굶다가 집에 갔던 사람들의 부류였다. 그들은 펀드투자에서 재미는 고사하고 아픔만 크게 겪었다.

그러면 정말 펀드가 저금리 시대의 대안 상품으로 자격이 없는가? 전혀 그렇지 않다. 펀드 상품에 대해 제대로 잘 알고 원칙과 기본을 지켜 투자하면 앞장에서도 누누이 말했듯이 저금리를 극복하기 위한 대안상품 중 하나임은 틀림없다. 수영씨를 비롯해 많은 투자자들의 펀드투자 실패는 펀드에 대해 기본적으로 알아야 하는 것은 소홀히 하면서 남들이 돈 번 것만 보고 부러워 돈을 벌겠다는 욕심에 무조건 '따라서 가입하기'만 했기 때문이다. 그러지 않고 펀드의 성격에 대해 잘 알고 가입했다면 글로벌 금융위기로 펀드가 반 토막이 나 두려웠어도 매달 정해진 금액을 계속 불입했을 거다. 그랬으면 일 년이 채 안 돼 원금을 회복했고 그 이후에는 큰 수익을 거둘 수 있었다. 수영씨 처럼 중국펀드에만 올인했던 투자자들에게는 그마저도 해당이 되지 않았겠지만 수영씨가 펀드의 위험에 대해 잘 알고 애초에 분산투자를 했으면 아무리 중국 펀드에 일부를 투자했어도 원금의 반 가까이를 손해 보지는 않았을 거다. 수영씨 처럼 펀드투자에 실패하지 않기 위해 알아둬야 할 '펀드를 선택할 때 꼭 체크해봐야 할 내용'에 대해 먼저 짚어 보겠다.

첫째, 펀드를 판매하고 운용하고 펀드에 투자된 돈을 맡아주는 회사가 어디인지부터 먼저 알고 시작하자.

펀드는 판매와 사무 관리를 해주는 회사, 펀드에 투자된 돈을 실제로 운용하는 회사와 펀드에 투자된 돈을 보관하는 회사가 각각 다르다. 만일 삼성증권에 가서 '에셋플러스글로벌리치투게더'라는 주식형 펀드를 가입한다고 가정해보자. 삼성증권은 펀드를 판매하면서 계좌를 만들어주고 자동이체를 걸어주는 등 사무 관련한 일을 주로 처리해준다. 펀드 가입 후 펀드에 대해 궁금한 사항이나 변경사항이 있으면 삼성증권에 연락하면 된다. 펀드를 환매할 때도 삼성증권을 방문하거나 전화해서 요청하면 된다. 펀드 가입부터 환매까지 일어나는 모든 사무적인 처리 및 관리는 삼성증권 같은 판매회사가 하는 일이다.

반면에 펀드 이름 앞에 쓰여 있는 '에셋플러스'는 에셋플러스 자산운용회사를 말한다. 에셋플러스자산운용과 같은 자산운용사는 고객이 펀드에 투자한 돈으로 펀드 투자설명서에 따라 주식이나 채권 등 필요한 금융상품을 사고 팔아 수익을 내는 역할을 한다. 우리가 흔히 이야기하는 '펀드 매니저'는 삼성증권 같은 판매회사 소속이 아니라 '에셋플러스자산운용' 같은 자산운용회사 소속이다. 따라서 펀드 수익률의 좋고 나쁨은 삼성증권 같은 판매회사와는 상관없고 에셋플러스자산운용 같은 '자산운용사'의 펀드운용 실력에 전적으로 달려 있다. 펀드를 선택할 때 판매회사를 볼 게 아니라 좋은 자산운용회사의 펀드를 골라서 투자해야 한다. 펀드투자와 관련된 회사 중에 펀드수익률을 좌우하는 자산운용회사의 역할이 가장 중요하다.

　펀드에 투자된 돈은 신한은행 같은 시중은행이 특별계정에 넣어 보관한다. 펀드투자자가 증권회사에 환매를 요청하면 삼성증권과 같은 판매회사가 지정한 날짜에 환매한 금액 전부를 고객의 계좌에 넣어준다.

둘째, 주식형펀드, 혼합형펀드, 채권형펀드의 차이는 구분할 줄 알아야 한다.

　펀드에 투자된 돈은 투자설명서대로 투자해야 한다. 주식이나 채권에 투자하는 비율에 따라 주식형펀드, 혼합형펀드와 채권형펀드로 구분한다. 주식형펀드는 주식에 60% 이상 100%까지 투자하는 펀드다. 대부분 95% 내외로 주식에 투자한다. 혼합형펀드는 50%를 기준으로 주식편입 비율이 높으면 주식혼합형 펀드, 채권편입 비율이 높으면 채권혼합형펀드이다. 주식혼합형펀드는 주식에, 채권혼합형펀드는 채권에 60% 이내로 투자해야 한다. 채권형펀드는 채권에 60% 이상 100%까지 투자하는 펀드다. 대부분 95% 내외로 채권에 투자한다.

적립식 투자는 주가나 주가지수가 변동하는 정도가 클수록 싸게 살 기회가 생겨 수익이 많이 나는 구조이기 때문에 보통 주식형펀드나 주식혼합형펀드에 투자한다. 목돈은 투자성향에 따라 주식형펀드, 혼합형펀드와 채권형펀드에 일정 비율을 분산해서 투자한다.

셋째, 패션에만 스타일이 있는 게 아니라 펀드에도 스타일이 있다.

스타일하면 보통 패션을 생각하는데 펀드에도 스타일이 있다. 대체적으로 펀드에 주로 주워 담는 주식의 스타일에 따라 성장주펀드, 가치주펀드, 배당주펀드로 구분하고, 투자하는 기업규모에 따라 대형주펀드와 중소형주펀드로 구분한다. 이렇게 스타일과 기업 규모에 따라 펀드를 분류하면 대형성장주펀드, 중소형성장주펀드, 대형가치주펀드, 중소형가치주펀드, 대형배당주펀드, 중소형배당주펀드와 같이 여섯 가지 큰 스타일로 분류할 수 있다. 보통 배당주펀드를 따로 구분하지 않고 가치주펀드에 포함시키기도 해서 작게 분류하면 네 가지로 줄일 수 있다.

성장주펀드는 이미 주가가 높아도 주가가 단기간에 더 올라갈 가능성이 있는 종목에 주로 투자한다. 반면에 가치주펀드는 기업의 수익성이나 자산 가치에 비해 주가가 상대적으로 저평가된 종목을 골라 주로 투자한다. 배당주펀드는 배당수익률이 높은 주식에 주로 투자한다.

대형주펀드와 중소형주펀드의 구분은 자본금에 따라 정하는데 자본금이 750억 원이 넘으면 대형주, 750억 원 미만은 중소형주로 분류한다. 보통 대형주는 자본금이 큰 만큼 발행주식수가 많고 증권시장에서 거래되는 유통주식수도 중소형주에 비해 상대적으로 많다.

예를 들어 '대형가치주펀드'는 자본금 750억 원 이상이고 발행주식과 유통주식이 많으면서 기업의 수익이나 자산 가치에 비해 주가가 상대적으로 저평가된 주식에 주로 투자하는 펀드라고 해석하면 된다.

넷째, 주식은 '주' 펀드는 '좌'로 지분을 표시한다.

주식은 '주'로 지분을 표시하지만 펀드는 '좌'로 지분을 표시한다. 1좌는 1원이다. 펀드에 투자하면 통장에 잔고좌수로 보유한 수량이 표시된다. 주식은 1주당 가격이 시시각각으로 오르락내리락 계속 변동하는 데 비해 펀드의 기준가격은 하루에 한 번만 변한다. 물론 시세변동이 없는 날에는 기준가격이 변하지 않는다.

다섯째, 펀드의 기준가격은 1,000원이다.

1좌는 1원인데 1원 단위로 거래가격을 정하면 단위가 너무 적어 가격변동 사항을 표시하는 데 불편하다. 그래서 1,000원을 기준가격으로 정해 가격의 변동을 표시한다. 펀드가 처음 만들어진 탄생일의 기준가격은 1,000원에서 출발한다. 그 이후 기준가가 1,100원이 되면 10%가 수익이 난 것이고 900원이면 10% 손실이 난 것이다.

주식을 1주당 5,000원의 액면가로 발행했는데 그 이후 올라서 10만 원이 된 주식을 1년에 한 번씩 1주당 5,000원으로 주당 가격을 재설정하지 않는다. 하지만 펀드는 1년에 한 번씩 결산을 통해 기준가격을 다시 1,000원으로 조정한다. 만약 결산일 시점에 기준가격이 1,100원인데 아무런 보상 없이 1,000원으로 기준가격을 재설정하면 황당할 것이다. 가입 당시 펀드의 수익에 대해 재투자를 하겠다고 약정하면 수익 100원을 좌로 환산해 기존보유좌수에 더해준다. 재투자를 하지 않겠다고 약정하면 수익만큼 현금으로 돌려준다.

펀드마다 탄생일(펀드설정일)이 다르고 결산일도 다르기 때문에 지금 현재 기준가격으로 펀드들을 비교하면 안 된다. 탄생일이나 결산일을 확인해야 그 이후 펀드의 수익률을 제대로 파악할 수 있다.

여섯째, 펀드의 생일을 확인하라.

펀드마다 펀드가 처음 만들어진 날이 다 다르다. 펀드의 탄생일을 확인하면 그 펀드의 역사를 제대로 알 수 있다. 펀드가 출시된 후 몇 년이 지났는데 설정액이 많이 늘었고 운용을 잘하고 있다면 어제 당장 만들어진 펀드보다 신뢰가 더 가기 마련이다.

일곱째, 설정액을 확인해야 한다.

펀드에 투자된 금액의 합을 설정액이라고 한다. 펀드설정액 확인은 중요하다. 보통 500억 원은 넘어야 펀드가 제대로 운용된다고 판단할 수 있다. 설정액이 너무 적으면 신규 자금 투입이나 환매 요청에 따라 펀드 수익률이 급격하게 요동칠 수 있다. 펀드 설정액이 적으면 현재의 수익률이나 펀드 매니저의 능력을 온전하게 신뢰하기가 어렵다.

설정액이 1조원이 넘는 공룡펀드는 처음 펀드를 만들 때 추구하던 스타일을 잃고 아무 주식이나 다 쓸어 담는 무색무취한 펀드로 전락할 수 있다. 특히 중소형펀드는 설정액이 정도 이상으로 커지면 더 이상 살 주식이 없어지므로 처음의 운용 철학과는 다르게 대형주를 많이 사서 바구니에 담기도 한다. 공모펀드가 인기를 잃으면서 이제는 1조원 넘는 펀드로는 2020년 4월 현재 신영자산운용의 '신영밸류고배당' 펀드만 남았기 때문에 당분간은 공룡펀드 걱정은 하지 않아도 된다.

보통은 펀드 설정액이 지속적으로 늘어날 때는 펀드 수익률이 계속 오를 가능성이 높다. 반대로 설정액이 계속 줄어드는 펀드는 수익률이 덩달아 나빠진다. 주식형 펀드는 대부분 설정액의 95% 내외를 주식에 투자하고 5% 내외는 펀드투자자의 환매에 대비해 현금화하기 쉬운 유동성 자산으로 보유한다. 투자한 주식을 더 오래 보유하면 주식이 오를 수 있는데도 불구하고 투자자의 환매요청이 급격히 늘어나면 오를 때까지 기다릴 수가 없다. 나쁜 가격이라도 주식을 매도해 투자자에게 현금을 돌려줘야 하기 때문에 시장이 좋지 않을 때 가격하락과 환매의 이중고로 펀드수익률이 더 나빠진다. 일례로 2008년 글로벌 금융위기 전에 만들어진 펀드들 중 미래에셋 펀드에 펀드투자자와 투자금이 제일 많이 몰렸었다. 그때는 미래에셋 펀드는 수익률이 대체로 좋았다. 그러나 글로벌 금융위기로 펀드 환매가 급격하게 늘면서 설정액이 가장 많이 빠졌던 미래에셋펀드의 수익률이 다른 펀드에 비해 상대적으로 더 나빴다.

여덟째, 펀드에는 수수료와 보수라는 비용이 있다.

펀드의 비용에는 크게 수수료와 보수가 있다. 수수료는 펀드에 투자금이 들어갈 때 한 번만 떼는 거고 보수는 펀드에 투자한 기간 내내 뗀다. 일반적으로 수수료나 보수를 적게 떼면서 운용을 잘 하는 펀드가 제일 좋다. 차선은 수수료와 보수는 많이 떼지만 수수료나 보수를 떼는 이상으로 운용을 잘 하는 펀드다. 반면에 수수료나 보수는 많이 떼면서 운용을 잘 못하는 펀드는 최악이다.

일반적으로 온라인에서 판매하는 펀드가 오프라인에서 판매하는 펀드보다 수수료나 보수가 낮다. 지수를 추종하기 때문에 운용이 쉬운 인덱스펀드가 좋은 주식을 골라 자주 사고파는 성장주나 가치주펀드보다 수수료나 보수가 낮다. 국내펀드가 해외펀드보다 수수료나 보수가 낮은 편이다. 수수료와 보수는 펀드마다 천차만별이니 가입 전에 꼭 확인해야 한다.

아홉째, 가입하고 일정 기간을 보유하지 않으면 페널티를 주는 펀드도 있다.

일곱 번째에서 언급했듯이 펀드에서 수시로 돈이 급격하게 빠져나가면 펀드 수익률이 나빠진다. 펀드 매니저의 펀드 운용에 큰 지장을 초래하는데 같은 펀드에 투자하는 다른 투자자에게도 피해를 입힌다. 이런 투자자를 막고 펀드를 안정적으로 운용하기 위해 가입한 지 얼마 안 돼 조기 환매하는 투자자들에게 페널티를 주는 규정을 투자설명서에 명시해놓은 펀드도 있다. '30일 미만: 이익금의 70% / 30일 이상 90일 미만: 이익금의 30%'라고 명시되어 있다고 가정해보자. 펀드에 10만 원을 투자했는데 11만 원이 돼서 환매신청을 했는데 20일이 지난 후라면 1만 원에 대한 이익금의 70%인 7,000원을 떼고 3,000원만 준다. 40일이 지났을 경우에는 1만 원에 대한 이익금의 30%인 3,000원을 떼고 7,000원을 수익금으로 준다. 90일이 지나면 수익금 1만 원 전부를 준다는 내용이다. 이런 환매 페널티 조건이 모든 펀드에 동일하게 적용되는 것은 아니고 이런 페널티 규정이 없는 펀드도 지금은 많아졌다. 환매페널티 규정은 가입하려는 펀드의 투자설명서에서 꼭 확인해봐야 한다.

목돈을 한 번에 투자하는 거치식 투자는 환매 페널티가 적용되는 기간이 동일하지만 매달 일정한 금액을 적립식으로 투자하는 적립식 펀드는 매달 불입한 날짜에 따라 환매 페널티 적용일이 달라진다. 환매할 때 페널티를 원치 않으면 금융회사 직원에게 "환매 페널티를 적용받지 않는 투자금에 대해서만 환매를 해달라"고 요청하면 된다.

열 번째, 적금은 만기금액을 한 번에 찾아야 하지만 펀드는 나눠서 환매할 수 있다.

적립식 펀드를 적금처럼 생각하는 사람들이 있다. 적금은 만기까지 유지하지 못하고 중도에 해약하면 약정된 이자를 받지 못한다. 만기까지 유지하면 원금에 약정된 이자를 더해 한 번에 찾아야 한다. 하지만 펀드는 일정 기간 내에 환매하면 페널티를 받는 조건이 없거나 있더라도 이 조건을 채우면 아무 때나 환매를 해도 된다. 이익이 났던 손해가 났던 환매 시점의 기준가격에 따라 정산해서 현금으로 돌려받는다. 적금과는 달리 전액을 환매하지 않아도 된다. 부분환매가 가능하다는 이야기이다. 펀드에 1,000만 원을 투자해서 20% 수익이나 1,200만 원이 됐는데 앞으로 주가가 더 올라갈 것 같기는 하지만 떨어질지도 모르기 때문에 환매를 전혀 하지 않는 것도 전액 환매하는 것도 꺼려질 때가 있다. 이때는 50%인 600만 원만 환매하고 600만 원에 대해서는 환매 시기를 늦추면서 지켜보는 것도 방법이다. 횟수나 금액 제한 없이 나눠서 환매할 수 있다.

열한 번째, 적금이나 예금처럼 만기가 없다.

적금이나 예금은 만기에 돈을 찾지 않으면 그 이후에는 낮은 이자가 적용되므로 만기가 되면 곧바로 돈을 찾아 다시 예금에 가입하는 게 유리하다. 펀드도 만기를 설정하기는 하지만 만기가 큰 의미가 없다. 가입한 펀드가 폐쇄되지 않는 한 계속 만기를 연장할 수 있다. 만기를 연장하지 않아도 손해가 없다. 만기 후에도 가입한 펀드의 운용실적에 따라 펀드 수익률이 오르내린다. 돈을 찾는 시점의 기준가격이 중요할 뿐이다.

열두 번째, 환매 신청한 날 내 투자금을 바로 돌려주지 않는다.

적금이나 예금은 만기가 되면 만기금을 찾으러 간 날 그 자리에서 바로 원금과 이자를 더해 준다. 하지만 펀드는 환매를 신청한다고 당일 날 내 투자금을 바로 돌려주지 않는다. 대체로 국내펀드는 영업일 기준으로 환매 신청한 날로부터 3~4일 후에, 해외펀드는 8~15일 후에 투자금을 받을 수 있다. 펀드에 투자한 돈을 사용해야 할 날짜가 정해져 있다면 이런 내용을 알고 사전에 환매신청을 해야 자금계획에 차질이 없다.

열세 번째, 펀드는 손실이 나도 세금을 낼 수 있다.

국내 주식은 사고팔면서 수익이 나도 세금을 내지 않지만 채권이나 예금은 이자수익에 대해 일반적으로 15.4%의 이자 소득세를 내야한다. 통상적으로 주식에 60%~100%까지 투자할 수 있는 주식형펀드는 95% 내외를 주식에 투자하고 5% 내외를 투자자들의 환매에 대비해 현금화하기 쉬운 자산에 투자한다. 주식에 투자하는 95% 내외에서 발생하는 수익에 대해서는 세금을 내지 않지만 채권이나 예금 등에 투자하는 5% 내외에서 발생하는 이자에 대해서는 15.4%의 이자 소득세를 내야 한다. 주식에서 손실이 났어도 채권이나 예금에서는 대부분 이자 소득이 생기기 때문에 펀드가 마이너스 수익률이라도 세금을 낼 수 있다. 주식과 펀드 등 투자 상품 상호 간의 손실과 이익을 합산하는 손익 통산에 대한 목소리가 높아지고 있으므로 앞으로 펀드의 과세기준이 바뀔 여지가 있다.

열네 번째, 펀드는 예금자 보호가 안 된다.

시중은행이나 저축은행, 신협, 새마을 금고 같은 단위조합이 파산하면 예금자들은 원금과 이자를 합해 5,000만 원까지는 무조건 돌려받을 수 있다. 하지만 펀드에 투자된 돈은 예금자보호가 되지 않는다. 판매회사가 망하면 전혀 문제 될 게 없다. 관리해주는 회사만 바뀐다. 삼성증권이 파산해서 미래에셋대우증권이 인수했다면 관리해주는 회사만 미래에셋대우증권으로 바뀐다. 자산운용회사가 파산해도 다른 자산운용회사가 그 펀드를 인수하면 아무런 문제가 없다. 펀드를 인수하는 자산운용사가 없다면 펀드가 폐쇄되는데, 그때는 수탁사인 시중은행에 맡겨진 투자금을 투자자들의 지분(잔고좌수)에 따라 분배하고 펀드는 청산된다. 적금이나 예금은 이자와 원금을 합쳐 5,000만 원까지만 보장이 되지만 펀드는 10억을 투자했어도 펀드청산 당시의 수익률에 따라 지분만큼 돌려받을 수 있다. 수익률이 '+'일 때 청산되면 전혀 문제가 없지만 수익률이 '-'일 때 청산되면 '-' 수익률의 정도에 따라 손해를 볼 수는 있다. 예금자 보호가 5,000만 원까지만 된다는 것은 5,000만 원 이상을 저축해서는 안 된다는 이야기다. 10억 원을 투자한 펀드투자자에게 예금자 보호 5,000만 원이 된다는 것은 안전장치가 될 수 없다. 실적 배당형 상품이라 그럴 일은 없지만 만약 펀드도 예금자 보호가 5,000만 원까지만 된다면 절대 5,000만 원 이상을 투자하면 안 된다. 5,000만 원까지 원금과 이자를 더해 예금자를 보호해주는 예금자 보호법을 만들지 않고 지분대로 투자금을 나눠주는 게 펀드를 비롯한 투자상품에는 더 합리적이다. 대신 판매회사, 자산운용회사, 수탁회사가 삼권분립으로 안전장치가 돼 있어 금융회사 파산에 대해서는 별로 걱정할 필요가 없다.

열다섯 번째, 과거의 성과가 미래의 수익률을 약속하지 않지만 그래도 참고해야 한다.

과거에 수익률이 좋은 펀드가 반드시 미래에도 수익을 잘 낼 거라는 보장은 없다. 그래도 과거 오랜 시간 운용을 잘 했던 펀드가 그렇지 않은 펀드보다 운용을 잘 할 가능성은 높다. 중학교 때 공부 잘했던 학생이 고등학교에 진학해서도 공부를 잘 할 가능성이 높은 것과 같다. 네이버증권이나 펀드평가 전문사이트인 펀드닥터를 방문해 관심 있는 펀드를 검색해보면 올해 수익률, 1개월 수익률, 3개월 수익률, 1년 수익률, 3년 수익률을 확인할 수 있다. 수익률을 볼 때 유의해야 할 게 있다. 3개월 수익률이 5%라면 3개월 전에 한 번 투자한 금액에 대한 수익률이 5%라는 이야기다. 매달 투자하는 적립식 투자 기준이 아니라 목돈을 1회만 투자하는 거치식 투자 기준 수익률이다. 적립식 투자 수익률은 투자하는 시점이나 실제 돈이 투입된 시점이 제각각이므로 공통된 수익률 정보를 제공할 수 없다. 무작정 펀드에 가입하기보다는 관심을 가지고 과정을 밟아나가는 사람이 펀드투자에서 성공할 확률이 더 높다.

열여섯 번째, 간이 투자설명서는 꼭 읽어봐라.

펀드에 투자할 때 간이 투자설명서는 꼭 읽어봐야 한다. 투자설명서는 A4 기준으로 40페이지 정도로 양도 많고 내용이 어려워 읽기가 힘들다. 그런 이유로 꼭 필요한 펀드의 주요

정보만 모아놓은 10페이지 정도의 간이 투자설명서를 만들었다. 그 안에는 투자목적, 투자전략 및 위험관리, 주요투자위험, 투자위험에 적합한 투자자 유형, 운용전문인력, 투자실적추이(연도별 수익률), 보수 및 수수료, 과세, 기준가격 산정 및 매입, 환매 절차, 전환절차 및 방법, 요약재무제표와 같이 펀드에 투자할 때 꼭 알아둬야 하는 내용들이 적혀있다. 처음 읽을 때는 용어나 내용이 다소 어려울 수 있지만 잘 공부해두면 다른 펀드에 투자하려고 간이 투자설명서를 읽을 때 꼭 필요한 부분만 챙겨보면 되므로 5분~10분만 시간을 투자하면 충분하다. 특히 투자목적이나 투자전략, 수수료나 보수와 같은 비용이나 세금을 비롯해 펀드 수익률에 큰 영향을 미치는 운용전문인력인 펀드 매니저의 주요 경력과 관리하는 펀드 수 정도는 꼭 챙겨봐야 한다.

열일곱 번째, 대안투자가 대안투자가 아닐 수 있다.

한때 물펀드가 한참 유행한 적이 있다. 펀드이름만 보면 물에 직접 투자하고 주식형펀드와는 다를 거라고 생각할 수 있다. 앞으로 물이 점점 부족해진다고 하니 유망할 것 같고 주식에 투자하는 것이 아니니 분산투자 차원에서도 적당하다고 생각할 수 있다. 그런데 막상 금융위기가 터지자 물펀드나 주식형펀드나 다 같이 폭락했다. 알고 보니 물 관련 사업을 하는 유럽기업들에 투자하는 펀드였다. 투자상품이 똑같은 주식이었다. 앞에서 언급한 네이버증권이나 펀드닥터를 방문해 관심이 가는 펀드를 검색해보면 주식이나 채권 등에 투자하는 비율은 물론 주요 투자업종과 투자기업을 바로 확인할 수 있다. 투자는 사전 공부를 철저히 하면 할수록 성공 가능성이 높다. 그렇지 않으면 대안투자라고 생각한 투자가 전혀 대안이 되지 않을 수 있다.

펀드 투자를 잘하는 방법

공모펀드 인기가 시들해지면서 저금리 상황에서 조금이라도 수익을 더 얻으려는 투자자들 앞에 사모펀드가 나타났다. 정부가 최소가입금액을 1억 원으로 하향 조정하면서 사모펀드는 급성장했다. 하지만 지난해 금리를 기초자산으로 하는 DLS(파생결합증권)나 DLF(파생결합펀드)에 투자한 가입자들이 큰 손실을 입었고 라임자산운용이 사기와 다름없이 펀드를 운용하면서 사모펀드에 대한 신뢰에 금이 갔다. 다른 사모펀드들의 디폴트(채무불이행) 사고가 이어지면서 금이 더 갔다. 얼마 전 하나금융경영연구소에서 발행한 〈2020년 Korean Wealth Report〉에 따르면 2018년 조사에서 부자들의 금융상품 선호도 5위를 기록했던 사모펀드가 2019년 조사에서 15위로 추락한 것으로 나타났다. 공모펀드에 이어 사모펀드도 관심권에서 멀어지고 있는 중인데 24년 동안 재무설계를 하고 있는 나로서는 참으로 안타까운 현상이다. 2000년대에 들어서면서 저금리 시대가 계속 이어지고 있는데 얼마 전 한국은행이 코로나바이러스감염증의 전 세계적인 확산으로 세계 경제가 위태해지자 미국에 이어 기준금리를 0.5%로 내렸다. 본격적인 제로금리시대이자 초저금리 시대가 시작됐다. 아직까지 코로나바이러스감염증이 종식되지 않고, 설사 종식되더라도 소비와 공급이 동시에 문제가 생긴 전례 없는 위기로 세계 경제의 위축은 피할 수 없으므로 꽤 오랫동안 초저금리가 지속될 것으로 예상된다.

은행의 예금과 적금만으로는 돈을 불릴 수가 없다. 돈을 불리려면 소비를 줄여 더 많은 금액을 저축해야 하는데 일단 원하는 것은 하고 보는 요즘 시대 정서하고는 맞지 않는다. 저축을 더 많이 못하는 상황이라면 같은 금액을 저축하더라도 수익률을 더 높게 올리는 수밖에 없다. 위험을 감수하더라도 펀드 투자가 필요한 이유이다. 2008년 글로벌 금융위기로 촉발된 펀드 대폭락 사태로 펀드에 대한 오해와 불신이 깊은데 펀드가 잘못 태어난 상품이 아니라 잘 모르고 투자한 게 늘 문제였다. 수영씨 사례처럼 판매자인 은행이나 가입자인 수영씨 모두가 문제가 있다. 중국이 계속 고속 성장할 거라고 중국 펀드에 올인하게 만든 판매자도, 연환산 수익률 100%라는 안내판에 현혹돼 이성을 잃고 중국펀드에 올인한 수영씨도 문제였다. 수영씨가 만약 중국 펀드를 계속 환매하지 않고 2015년까지 보유했다면 그즈음에 큰 수익을 봐 그동안의 마음고생을 보상받을 수 있었을 것이다. 하지만 결혼자금이었던 수영씨가 그때까지 그 펀드를 환매하지 않고 보유하고 있었을 확률은 거의 없다. 위에 언급한 DLS나 DLF 사모펀드도 마찬가지다. 판매자는 안전한 상품으로 설명하며 판매했고 가입자들도 안전한 상품인 줄 알고 가입했다. 그런데 이 상품들은 3~4%의 이익을 보는 대신 기준을 벗어나면 원금 100%까지 원금 손실을 볼 수 있는 상품이었다. 만약에 그런 내용을 알았다면 단 한 명도 그 상품에 가입하지 않았을 거다. 그래서 금융상품들은 제대로 알고 가입해야 한다. 강의할 때나 상담할 때 늘 강조하는 이야기가 있다. "모든 금융상품은 장점과 단점이 있다. 단점을 잘 알고 장점을 잘 활용해야 한다. 위험하다고 무조건 회피하는 게 능사가 아니라, 위험을 잘 알고 그 위험을 잘 관리하면 이런 초저금리 시대에 자산을 조금이라도 더 불릴 수 있다."

무조건 펀드를 불신해 싸움에서 물러나기보다는 펀드투자를 잘 하는 방법을 제대로 알고 이용해야 한다. 지금과 같은 초저금리 시대에 현실적으로 저축을 더 많이 할 수 없는 우리가 은행의 예금과 적금을 이용해서 자산을 불리는 것보다는 펀드를 잘 이용하면 조금이라도 자산을 불릴 수 있다.

지금부터 펀드 투자를 잘하는 방법에 대해서 자세히 알아보자.

첫째, 창구 직원이 추천한다고 그 자리에서 바로 가입하지 마라.

펀드에 가입할 때 자주 가는 은행이나 증권회사의 창구 직원에게 추천받아 가입하는 경우가 많다. 과거에 비하면 창구직원이 펀드 추천을 해주는 게 예전보다는 많이 좋아졌지만 그렇다고 완전히 신뢰할 수 있는 것도 아니다. 계열사 펀드를 추천해주면 펀드의 좋고 나쁨을 떠나 계열사 상품이기에 추천한 것은 아닌지 먼저 의심부터 해봐야 한다. 아니면 펀드 수수료와 보수 같은 비용이 비싸서 금융회사에 이익이 되는 펀드를 권하는 것은 아닌지도 색안경을 끼고 유심히 살펴봐야 한다. 펀드가 새롭게 출시된 지 얼마 안 돼 마케팅이 걸려 있어서 추천해주는 것은 아닌지도 따져봐야 한다. 이때 'Why'와 'If'를 활용해 적절하게 질문을 하면 펀드를 추천한 창구직원의 본심을 조금이라도 파악할 수 있다. "왜 많은 펀드 중에 이 펀드를 추천해 준거죠?" "만약 이 펀드에 가입하면 나중에 어떤 이익이 있죠?" 이렇게 질문하면 된다. 궁금증이 더 생기면 뭐든지 다 물어봐도 되지만 담당 직원에게 이렇게 질문만 해도 당신이 만만한 사람이 아니라는 인상을 심어줘 더 성의 있는 설명을 들을 수 있다.

창구에서 권해주고 설명을 다 듣고 바로 가입하지 말고 일단 집이나 회사로 돌아와 펀드평가사이트인 '펀드닥터'나 '네이버금융'에 추천받은 펀드를 검색해봐라. 투자전략이라든지 과거 성과나 주로 투자하는 기업들과 같은 주요한 정보를 확인해보고 괜찮다고 판단될 때만 금융회사를 다시 방문해서 가입하면 된다. 투자는 딱 한 번의 '귀차니즘'이 큰 손해로 돌아올 수 있기 때문에 '돌다리도 두들겨 보고 건너듯' 하나하나 꼼꼼히 잘 따져본 후 확신이 들 때만 사인해야 한다.

둘째, 시간적인 여유가 있는 돈만 투자하라.

시간적 여유가 있는 목표를 위해서만 펀드투자를 해야 한다. 특히 1~2년 안에 꼭 써야 할 돈은 절대 펀드에 투자하면 안 된다. 펀드는 가입할 때 만기금액이 정해져 있는 예·적금과는 달리 매일의 실적에 따라 수익이 나기도 하고 손실도 볼 수 있는 실적배당형 상품이다. 환매를 할 때만 비로소 수익이든 손실이든 확정된다. 주식시장이 좋지 않아서 수익률이 나쁘더라도 시간적인 여유가 있는 돈이라면 굳이 환매를 하지 않고 기다리면 된다. 환매를 하지 않으면 손실이 확정된 게 아니다. 그러다 주식시장이 좋아지면 펀드 수익률이 단기간에 회복될 수도 있다. 1년 전에 -10%를 기록하고 있던 펀드가 1년 후에 +20%로 반전할 수 있는 금융상품이 펀드다. 그래서 펀드투자에는 시간적인 여유가 필요하다.

셋째, 장기투자가 능사가 아니다. 목표수익률을 정해 놓고 투자하라.

2000년대 중반까지만 해도 장기투자를 주장하는 전문가가 대세였다. 2008년 글로벌 금융위기로 반 토막 펀드의 쓰라림을 겪고 나서는 나를 비롯해 목표수익률을 정해 놓고 투자하는 게 더 낫다고 조언하는 전문가가 많아졌다. 장기투자하라고 해서 5년 정도 투자했는데 돈이 필요한 시점이 얼마 전처럼 코로나바이러스감염증에 대한 우려로 글로벌 주가지수가 단기간에 폭락하는 시기라면 아무리 장기투자를 해도 성공할 수 없다. 주식시장 위기 때마다 경험한 바로는 대부분의 펀드투자자들이 수익이 많이 나면 욕심이 생겨 펀드에 올인하고 손실이 많이 나면 더 떨어질까 봐 두려워 펀드에 돈을 넣지 않는다. 적립식 펀드는 주가가 오르든 내리든 개의치 않고 정기적립식으로 투자해 평균 매입단가를 낮춰야 수익률이 높아진다. 떨어질 때 더 많이 사야 수익률이 높아지는 펀드에 공포심 때문에 돈을 넣지 않다가 원금만 되면 환매하고 안도했던 잘못된 투자방법은 펀드에 대한 좋지 않은 기억과 불신만 남겼다. 자신의 잘못된 투자방법은 생각지도 않고 펀드상품이 나쁘다는 편견만 키웠다. 여전히 많은 사람들이 초저금리 시대임에도 불구하고 은행만 이용하면서 저금리와 인플레이션에 대한 위험을 감수하고 있는 이유다.

일단 목표수익률은 은행 금리의 2~3배 수준으로 정하라. 연 6~10%면 적당하다. 지금과 같이 주가의 오르내림이 커 싸게 매수할 기회가 생길 때는 목표수익률을 조금 더 높이 잡아도 된다. 1년 정도는 펀드 수익률에 개의치 말고 정기적립식으로 매달 펀드에 정해진 금액을 따박따박 넣어라. 1년이 지나서 원금이 커졌을 때 목표 수익률에 도달하면 원금과 수익을 환매해 펀드를 가볍게 만들어라. 투자하고 있는 펀드가 좋은 펀드이고 저금리가 지속되는 한 그 후로도 불입은 멈추지 마라. 목표수익률에 도달하지 않아도 불입은 계속해라. 계속 불입하면서 원금 사이즈를 키우다가 목표수익률에 도달하면 마찬가지로 환매해 수익은 챙기고 불입은 계속해라. 그 시간이 2~3년 또는 3~4년으로 길어질 수 있기 때문에 시간적인 여유가 있는 돈만 펀드에 투자해야 한다고 강조하는 것이다. 앞에서도 언급했듯이 1년 전에 -10%를 기록하고 있던 펀드도 1년 후에 +20%로 반전할 수 있는 금융상품이 펀드다. 목표수익률에 도달할 때마다 환매를 하면 수익도 챙길 수 있고 재미도 붙으면서 펀드에 대한 이해도도 높아진다. 무엇보다도 펀드에 투입된 돈의 총량이 적어지기 때문에 펀드가 폭락해도 공포심을 누르고 인내할 수 있다. 나중에 원하는 수익을 챙길 수 있을 때까지 마음 편하게 기다릴 수 있는 바탕이 된다.

넷째, 무늬가 같은 분산투자는 하지 마라.

가끔 펀드투자자들 중에는 투자한 펀드들 모두가 수익률이 좋아야 한다고 생각하는 사람들이 있다. 그러면 정말 좋겠지만 현실은 그렇지 않기 때문에 위험을 헤지하기 위해 분산 투자를 하는 것이다. 분산해서 투자하다 보면 어떤 펀드는 수익이 많이 나고 어떤 펀드는 손실이 많이 날 수 있다. 펀드의 수익과 손실을 더해 나누면 평균 수익률이 나온다. 평균 수익률이 6~10% 정도만 나와도 펀드투자는 성공적이다. 주식 예측은 신의 영역이라는 말이 있듯이 펀드 매니저나 개인이 아무리 공부를 많이 해도 수익률이 좋은 주식이나 펀드만 고를 수 있는 사람은 없다.

분산투자를 하려면 투자 시점을 분산하는 방법, 투자지역을 분산하는 방법, 같은 지역에 투자해도 스타일이 다른 펀드에 분산하는 방법이 있다. 투자 시점에 대한 위험을 분산하는 방법은 잘 알고 있듯이 매달 정해진 금액을 불입하는 정기 적립식 투자다. 매달 펀드에 투자금이 투입되기 때문에 자연적으로 투자 시점이 분산된다. 특정 시기에 가입해 운이 나빠 큰 손실을 볼 수 있는 위험을 헤지해 준다.

투자지역을 분산하는 방법은 국내펀드와 해외펀드로 나눠 투자하면 된다. 월드컵 우승국이 매번 바뀌듯이 매년 국가별 수익률을 줄 세워보면 영원한 1등은 없다. 미국 같은 특정 국가가 어느 해에는 1등을 하기도 하고 어느 해에는 꼴등을 하기도 하고 그렇지 않으면 10등을 할 수도 있다. 국내펀드와 해외펀드에 나눠서 투자하면 한 지역에만 투자해 손실이 나는 위험을 헤지할 수 있다. 해외펀드에 투자할 때는 미국이나 일본처럼 실시간으로 정보를 많이 접할 수 있는 국가를 제외하고는 가능하면 잘 모르는 특정 국가에 투자하는 것은 피하는 게 바람직하다. 잘 모르는 국가에 투자하면 그 나라 상황을 잘 모르기 때문에 문제가 생겼을 때 적시에 대응하기 어렵다. 예를 들어 삼성전자에 문제가 생기면 금방 내용을 파악해 바로 대응할 수 있지만, 남아프리카공화국에 있는 기업에 문제가 생기면 정보도 별로 없고 정보가 있더라도 정보를 판단해서 대응할 능력이 없기 때문에 적기에 손을 쓸 수 없다. 대신 유럽펀드나 아시아펀드처럼 그룹으로 묶여 있는 펀드에 투자하는 게 낫다. 펀드투자는 항상 1등이 목표인 스포츠 경기가 아니다.

스타일이 다른 펀드를 골라서 투자하는 방법도 스타일에 따른 위험을 헤지해준다. 주식시장에는 주도주라는 게 있는데 대형성장주가 잘 나갈 때도 있고 중소형 가치주가 잘 나갈 때도 있다. 대형성장주펀드에 올인했는데 대형성장주는 힘을 못 쓰고, 중소형가치주만 몇 년 동안 잘 나갈 수 있다. 따라서 앞에서 분류했듯이 대형성장주, 대형가치주(배당주 포함), 중소형성장주, 중소형가치주(배당주 포함)를 대표하는 펀드에 분산해서 투자하면 주도주에 따른 위험을 헤지할 수 있다.

요즘은 펀드가 많이 다양해졌다. 여러 개의 펀드를 선택하지 않더라도 한 펀드 안에 해외주식과 국내주식, 해외채권과 국내채권을 담아 펀드 하나로 분산투자할 수 있는 펀드도 있다. 젊었을 때는 주식편입비율을 높여 공격적으로 투자하고 연령이 높아질수록 주식편입비율을 낮춰 위험을 줄이는 라이프 사이클 펀드도 있다. 배당 수익이나 부동산 임대수익을 받는 것처럼 펀드투자를 할 수도 있다. 선택지가 많으니 다양하게 분산해서 투자하면 자기 스타일에 맞는 펀드투자가 가능하다.

다섯째, 환매를 할까 말까 고민될 때는 분할해서 환매하라.

매달 펀드에 돈을 넣는 것은 어렵지 않은데 환매 타이밍을 잡는 건 상당히 어렵다. 너무 일찍 환매해 수익을 더 얻을 수 있는 기회를 놓칠 수도 있고 너무 늦게 해서 벌어놓은 수익을 한 번에 잃을 수도 있다. 이럴 때는 2~3번에 나눠서 분할 환매하는 것을 추천한다. 500만 원이 펀드에 들어있다면 오늘 50%인 250만 원을 환매하고 더 지켜보다 오르면 남은 금액의 50%인 125만 원을 환매하고 그다음에는 나머지인 전량을 환매하면 된다. 스스로 어떤 방식으로 환매할지를 정해 놓고 실행하면 된다. 분할해서 환매할 때도 각각의 타이밍에 목표수익률을 정해 놓는 게 효과적이다. 단, 정답은 없으니까 스스로 환매 방식을 결정하면 된다.

여섯째, 전문가에게 펀드 추천을 받는 것도 방법이다.

초보자들은 펀드 공부를 하다가 평생 펀드투자를 못할 수 있다. 이때는 전문가를 활용하는 것이 좋은 방법이다. 전문가에게 펀드에 대해 1:1로 특별과외를 받으면 펀드라는 투자 상품을 이해하는 시간이 훨씬 짧아진다. 나처럼 증권회사에 동행해 펀드 가입을 도와주는 전문가라면 더 도움이 된다. 은행은 자주 이용해 방문하는 데 부담이 없지만 증권회사 방문은 익숙하지 않기 때문에 아무래도 많은 사람들이 낯설어하고 부담스러워한다. 처음에는 전문가의 도움을 받아서 펀드투자를 시작하지만 펀드에 가입해서 환매까지 한 사이클을 경험하면 그다음부터는 혼자 펀드 선택부터 환매까지 다 할 수 있다. 매사에 경험만 한 공부는 없다.

일곱째, 거치식 투자는 신중해야 한다.

매달 정기 적립식으로 투자하기는 어렵지 않고 투자 시점에 따른 위험을 분산해주는 장점이 있다. 언제 투자할지를 고민할 필요가 없다. 투자하고 싶을 때 투자를 시작하면 된다. 3~4년 불입하는 데 한 달 들어간 돈이 대세에 큰 영향을 미치지 않기 때문이다. 하지만 거치식 투자는 신중해야 한다. 이해하기 쉽게 2200포인트 시점에 투자해서 10%의 수익이 나려면 2420포인트가 돼야 한다. 글로벌 위기 이후 금융시장이 안정을 찾으면서 몇 년 동안 1600~2000 사이에서 등락을 거듭하다 1800~2000으로 간격이 좁혀졌고 코로나바이러스감염증으로 주가가 폭락하기 바로 전까지는 2100~2300 사이의 박스권에 갇혀있었다. 지금은 폭락 후 어느 정도 반등했지만 이 위기가 수습된 이후에도 몇 년 동안 과거 몇 년 동안과 같이 박스권에서 등락을 반복할 수 있다. 이럴 경우 가지고 있는 목돈을 2200포인트에서 거치식으로 투자한다면 몇 년 동안 원하는 수익은 나지 않고 수수료와 보수만 헌납할 수 있다.

'펀드를 선택할 때 꼭 체크해야 할 것'에서도 언급했지만 주식편입비율이나 채권편입비율에 따라 주식형펀드, 혼합형펀드, 채권형펀드로 나눠진다고 했다. 거치식으로 투자할 때는 목돈을 주식편입비율에 따라 나눠서 분산 투자하면 위험을 줄일 수 있다. 요즘은 한 펀드 안에 성질이 다른 다양한 자산을 분산해서 투자하거나 다양한 ETF(상장지수펀드)에 투자해 분산에 분산을 추구하는 EMP(ETF자문포트폴리오) 펀드들이 있어 선택지는 다소 늘었다. 하지만 투자는 열 번 중에 아홉 번을 잘 하다가도 한 번을 잘못하면 열 번 투자 전부를 실패한 것과 마찬가지 결과가 초래될 수 있다. 주식시장을 예측해서 투자하지 마라. 거치식 투자는 신중 또 신중해야 한다.

여덟째, 유행펀드는 멀리하라.

이번 총선에도 여지없이 종로에서 격돌한 정치인들 테마주가 사람들의 입에 오르내렸다. 하지만 테마주는 그때 잠깐 반짝했다가 사라진다. 무수한 테마주가 나타났지만 테마주로 돈을 벌었다는 사람들은 보지 못했다. 테마펀드도 마찬가지다. 테마펀드는 아주 그럴듯하게 들린다. 뒤집어서 말하면 유행하는 펀드를 만들어 마케팅하고 판매하는 입장에서는 테마펀드처럼 매력적으로 상품을 광고하고 잘 포장해서 판매할 수 있는 펀드도 없다. 물펀드, 와인펀드, 아트펀드, SRI펀드, 헬스케어펀드, 녹색성장펀드, 창조경제펀드 등은 한때 유행했던 테마펀드다. 지금은 흔적을 찾아볼 수 없는 펀드도 있다. 테마펀드 중에서도 성공한 펀드가 있겠지만 유행 따라 만들어진 펀드치고 결과가 좋았던 게 별로 없다. 펀드는 돈이 밀물처럼 밀려들어올 때는 수익률이 대체로 좋지만 돈이 썰물처럼 빠져나갈 때는 수익률이 아주 나빠진다. 설정액이 일정 규모가 되지 않으면 강제로 청산되기도 한다. 테마펀드는 철저히 마케팅하는 판매회사의 입장에서 살펴보는 게 좋다. 일례로 녹색성장펀드는 환경산업이라는 테마를 겨냥해 만들었지만 포트폴리오에 주워 담은 주요 기업들의 면면을 보면 대형성장주펀드와 별로 다를 게 없다. 그렇지만 펀드 출시 당시에 방송이나 언론을 비롯해 사회 전반으로 녹색성장이 화두여서 이 펀드에 투자하면 돈을 많이 벌 것 같아 너도 나도 가입했다. 물론 결과는 좋지 않았다. 패션도 유행이 지나면 촌스러워지듯이 펀드도 유행이 지나면 사람들에게 잊히고 그러면 나쁜 수익률만 남게 된다. 패션이 아닌 펀드는 유행을 멀리하라.

아홉째, 새로 출시되는 펀드는 1년 정도 지켜보고 가입을 결정해라.

우리나라는 펀드 매니저 수에 비해 펀드수가 세계 1위를 다툴 정도로 많다. 2020년 4월 현재 펀드 매니저 수는 720명인 반면 공모펀드만 4,255개다. 과거보다는 펀드 매니저 수가 늘고 관리하는 펀드 수가 줄었지만 단순히 계산해 펀드 수를 펀드 매니저 수로 나누면 펀드 매니저 한 사람 당 펀드 6개를 관리한다고 추측할 수 있다. 한 사람의 펀드 매니저가 펀드 1개를 관리하는 것도 만만치 않은데 6개 이상을 관리한다면 제대로 운용되지 않으면서 방치되고 있는 펀드가 꽤 있을 거다. 당신이 펀드 매니저고 설정액이 1조 원인 펀드, 5000억 원인 펀드, 50억 원인 펀드 세 개의 운용을 책임지고 있다면 어

떤 펀드에 신경 쓸까? 나라면 1조 원의 설정액을 기록하고 있
는 펀드를 가장 많이 신경 쓰겠다.

펀드 출시 초기에 펀드 가입률을 높이려면 마케팅을 잘해
수익률이 높게 나와야 한다. 설정액이 적을 때는 어떤 기업 주
식을 포트폴리오에 주워 담는가에 따라 펀드 수익률이 크게
차이가 난다. 이때 수익률은 믿을 수 없다. 대체로 펀드가 출
시된 후 1년 정도 지나면 펀드의 수익률이 안정된다. 이때 수
익률을 보고 그 펀드에 가입해도 늦지 않다. 1년 가까이 됐는
데 설정액이 늘지 않았다면 앞으로 방치될 확률이 높다. 가끔
은행이나 증권회사에 가면 계열사 펀드 중에 출시된 지 얼마
되지 않은 펀드를 적극적으로 추천한다. 이런 펀드는 금융회
사 직원 추천만 믿고 가입하면 안 된다. 나중에 후회할 가능
성이 높다.

11

절판마케팅에
휘둘리지 마라

희소성의 원칙

앞이 안 보이는
초저금리 시대를 이기는
ELS 활용법

ᴡ ᴍ ᴡ

예전에 지인인 유영아씨로부터 스타벅스 텀블러를 선물받았다. 영아씨에 대한 고마움을 표하고 싶은 마음에 텀블러 사진과 함께 감사의 마음을 담아 내가 운영하는 블로그에 포스팅했다. 그러고는 한참을 잊고 있었는데 블로그에 몇 개의 덧글이 달렸다. 내가 블로그에 포스팅한 것과 같은 스타벅스 텀블러를 구입하고 싶은데 절판이 돼 구입할 수가 없으니 어디서 샀는지를 간절히 알려달라는 내용이었다. 처음에는 '무슨 텀블러 같이 평범한 물건을 수집하려고 이렇게 애를 쓰나'라고 하찮게 생각했다. 하지만 금방 그 이유에 대해 궁금해져 여기저기 수소문해봤다.

스타벅스는 텀블러를 전 세계에 동일하게 출시하는 기본 디자인과 국가별, 지역별, 시즌별로 다르게 출시하는 디자인으로 나눠 한정판으로 고객들에게 판매하고 있었다. 내가 블로그에 포스팅한 텀블러는 2004년 한글날 기념으로 훈민정음을 디자인해서 판매가 시작됐고, 그 이후에도 리뉴얼이 돼 한국에서만 지속적으로 판매 중인 텀블러였다. 스타벅스는 텀블러를 한정판으로 소량만 제작해 판매하는 희소성 마케팅을 진행하고 있었다. 네이버 검색을 해보니 의외로 많은 사람들이 스타벅스 텀블러를 수집하고 있었고 가끔 수집했던 텀블러를 사고 팔거나 교환하고 있었다.

스타벅스나 기업체들이 '한정판' 상품으로 마케팅하는 것과 조금 차이는 있지만 금융회사나 판매원들이 '절판 마케팅'을 교묘하게 이용해 상품을 판매하는 것도 '희소성의 원리'를 변형해 사용한다고 볼 수 있다. 금융상품 내용이 변경되거나 바뀌는 상품이 기존에 판매되고 있는 상품보다 더 나쁠 때 '절판 마케팅'이 기승을 부리지만 그렇지 않은데도 판매를 위해 소비자에게 거짓말을 하는 경우도 적지 않다.

거래하던 증권회사에 돈을 찾으러 갔다가 '절판 마케팅'도 아닌 판매원의 거짓말에 속아 적지 않은 목돈을 주가연계

증권인 ELS(Equity Linked Security)라는 파생금융상품에 3년 만기로 청약했다가 45% 넘게 손해를 봤던 차예림씨가 기억난다. ELS는 국내나 해외의 주식시장에서 거래되는 주식이나 지수를 이용해 만든 상품으로, 주식과 지수라는 기초자산을 정해놓고 1년이나 3년 등 일정한 기간 안에 상품마다 정해진 조건을 달성하면 은행이자보다 높은 수익을 얻을 수 있는 상품이다. 기초자산이 조기상환 평가일이나 만기상환일에 정해진 기준을 달성하면 청약할 당시 제시된 수익률로 상환되지만 기준을 못 맞추면 큰 손실을 보는 파생금융상품이다. 예림씨에게 ELS 가입을 권유했던 증권회사 판매직원은 ELS가입을 추천하면서 이 상품이 여태까지 나온 상품 중에 제일 좋은 상품인데, 오늘까지만 판매하고 내일부터는 다시는 이런 상품을 판매하지 않으니 오늘 꼭 가입해야 한다고 말했다. 권유했던 ELS는 정해진 조건을 달성하면 연 6%를 수익으로 챙겨주는 상품이었다. 문제는 ELS 상품 자체라기보다는 판매직원이 강조한 다음 주부터는 절대 가입할 수 없다는 거짓말이었다.

그 당시에 매주 출시되었던 ELS들은 기초자산의 종류나 정해진 조건을 달성할 때 제공되는 수익률은 별 차이가 없었다. 이번 주에 출시된 상품이나 다음 주에 출시된 상품이나 거의 비슷한 상품구조였다. 일반적으로 ELS는 증권사마다 매주 여러 종류의 상품을 출시한다. 같은 주에 나오는 상품들은 기초자산과 정해진 조건을 달리해 조건을 달성할 때 제공하는 수익률이 약간씩 차이가 나는 상품들을 구색을 맞춰 출시해 판매한다. 다음 주에는 전 주에 출시했던 상품과 비슷한 상품들을 호수만 달리해서 판매한다. 예를 들면 이번 주에 미래에셋대우증권에서 11개의 ELS가 출시되었다면 미래에셋대우(ELS) 29000~29010으로 연번이 매겨지고 다음 주에 10개의 ELS가 출시되었다면 미래에셋대우(ELS) 29011~29020으로 연번이 매겨진다. 증권회사는 매주 상품을 출시하고 증권회사 자체 규칙에 따라 연번을 매길 뿐이지 비슷한 무렵에 나오는 ELS는 대개 상품 내용이 매주 비슷비슷하다.

이렇게 매주 출시되는 ELS의 상품구조가 비슷한데도 증권회사 판매직원은 상품 판매에 대한 욕심 때문에 '절판마케팅' 수법을 동원해 앞으로 다시는 판매되지 않을 것처럼 속여 예림씨에게 ELS를 가입시켰다. 판매직원의 '절판마케팅'에 당해 판매직원 말만 믿고 ELS에 가입한 예림씨는 결과적으로 3년 만에 45%가 넘는 큰 손실을 봤다.

인간의 물질적 욕구에 비해 그 욕구를 충족시킬 수 있는 질적, 양적 수단이 제한되어 있어 부족한 상태를 희소성이라고 한다. 많은 사람들이 가지고 싶어 하지만 실제로는 가질 수 있는 능력을 가진 사람이 적으면 적을수록 희소성이 있는 제품은 그 가치가 올라가고 그 제품을 구입하기 위해 지불해야 하는 가격도 올라간다.

기업들은 사람들의 희소성 심리를 이용한 마케팅 전략을 적극적으로 펼치는데 앞에서 언급한 스타벅스나 명품 브랜드들이 '한정판'으로 만들어 판매하는 제품이 대표적인 예이다. '한정판' 제품은 소비자에게 '이번에 사지 않으면 다시는 살 수 없다'는 메시지를 전달해 그 물건에 관심이 많은 소비자들이 그 물건을 사고 싶어 안달 나게 만든다. 그런 '한정판'에 관심이 없으면 물건값이 비싸든 싸든 문제 될 게 없지만, 반드시 그 제품을 구입하려고 한다면 큰 대가를 치러야 한다. 스타벅스 텀블러는 1개 가격이 25,000원 내외에 불과해 설사 '한정판' 마케팅 전략에 넘어간다고 해도 별 문제가 안 된다. 하지만 삼성그룹 이건희 회장이 즐겨 입어서 우리나라에 '이건희 슈트'로 알려진 이탈리아 명품 브랜드 키톤(Kiton)의 1000만 원짜리 한정판 캐시미어 모직 정장이라면 이야기가 달라진다.

금융회사들도 소비재를 파는 기업들과 마찬가지로 희소성

원칙을 활용해 '한정판'을 만들어 판매하는 마케팅 전략을 구사한다. 시중금리보다 금리를 높게 주는 '특판상품'을 만들어 판매금액 한도를 정해 놓고 선착순으로 판매해 그 한도가 다 차면 더 이상 상품을 판매하지 않는 것도 일종의 '한정판' 제품이라고 말할 수 있다. 단지, 금융회사들이 소비재 회사들과는 달리 '특판상품'과 같은 '한정판' 제품을 만들어 파는 이유는 그 상품을 판매해 당장의 이익을 얻기 위해서만은 아니다. 소비자에게 '특판상품'이라는 미끼를 던져 금융회사로 찾아오게 해 수익이 더 많이 나는 금융상품을 판매하거나 다른 금융회사들과의 경쟁에서 고객을 뺏어오거나 빼앗기지 않으려는 수단으로 많이 활용한다는 점이다.

'절판마케팅'도 과거 판매했던 상품을 더 이상 판매하지 않는다는 점에서는 일부 희소성의 원칙이 작동한다고 봐야 한다. 보통 상품이 바뀔 때는 한두 달간의 유예기간을 두고 판매인이나 소비자에게 사전 예고한다. 과거 상품이 새로 출시되는 상품보다 좋을 때 이 한두 달의 기간 동안 '절판마케팅'이 기승을 부린다. 홈쇼핑 방송을 보면서 광고하는 제품에 관심이 생겨 살까 말까 고민하고 있는데 쇼호스트가 이 제품은 오늘을 끝으로 더 이상 판매되지 않는다고 멘트를 한다. 쇼호스트가 방송 중간중간 남은 시간을 알려주면서 줄어드는 시간이 안타깝다는 듯이 멘트를 계속하고 화면 하단에는 남은 시간이 표시된다. 이럴 때 우리 몸에 어떤 현상이 일어날까? 5분, 4분, 3분, 2분, 1분, 30초…… 시간이 줄어들면 줄어들수록 심장박동은 빨라지고 리모콘을 잡은 손에 땀이 난다. 전화기를 들고 버튼을 누를까 말까 고민하다 마지막 1~2분을 남기고 더 늦기 전에 버튼을 눌렀던 경험이 누구나 한 번쯤은 있다. 절판마케팅도 마찬가지다. 금융회사가 처음 상품이 바뀐다고 예고할 때는 판매인이나 소비자나 시간적인 여유가 있다. 그러나 마감 시한이 다가올수록 다 같이 바빠진다. 절판되기 전 1~2일 사이에 대부분 의사결정을 한다. 그렇게 시간이 촉박한 상태에서 의사결정을 하다 보니 꼭 필요하지 않은 상품을 마감 시한에 쫓겨 가입하기도 한다. 판매자가 마지막에 결정하는 사람들을 쫓아다니다 시간이 모자라 상품 가입을 원하는 소비자를 놓치는 경우도 생긴다. 그런데 상품이 절판되고 며칠이 지나면 언제 그런 일이 있었냐는 듯 판매인들은 새로 출시된 상품을 판매하고 소비자는 그 상품에 가입한다. 현장에 있었던 지난 24년 동안 무수히 반복되고 자주 봐왔던 낯설지 않은 광경이다. 판매회사나 판매인들은 이런 순간을 은근히 즐긴다. 이런 일이 생기면 특수라고 여겨 미리 준비해 그 기간 동안 최대한 상품을 많이 판매해 큰 수익을 올린다. 판매인들에게는 가끔씩 오는 이런 절판마케팅 기회가 짧은 시간 내에 판매를 늘려 돈을 벌기에 좋은 기회가 될 수 있다. 하지만 소비자에게는 좋을 게 별로 없다. 소비자의 지갑을 열기 위한 기업이나 판매인들의 마케팅 전략에 휘둘리면 합리적인 의사결정을 하지 못하고 끌려다닌다. 소비자가 희소성의 원칙을 이용한 마케팅 전략에 넘어가지 않으려면 평소에 그 상품이 나에게 꼭 필요한 것인지 따져보는 습관을 반드시 가져야 한다. 구매하려는 상품에 대해서도 잘 알아야 한다. 충동구매는 절대 하지 말아야 한다. '한정판' 판매나 '절판마케팅'은 소비자의 심리를 이용한 기업들이나 판매인들의 마케팅 수법이지 당신을 위한 게 아니니 항상 경계해야 한다.

예림씨가 ELS에 가입해 큰 손해를 본 것은 한정판마케팅이나 절판마케팅에 당해서가 아니다. 도덕적이지 못한 판매인에게 속은 것이다. 가입 당시에 자신이 속은 걸 바로 알았다면 그 당시에 증권회사에 항의하거나 금융감독원에 민원을 제기해 잘못을 바로 잡을 수 있었을 것이다. 3년 만기가 돼 45%가 넘는 손해를 보고서 속만 상했지 뭐가 잘못된 건지를 제대로 몰랐다. 가입 당시 증권회사에서 ELS에 대한 설명을 잘 듣고 위험을 충분히 알고 손해가 나도 스스로 책임지겠다는 서류에 서명했기 때문에 훗날 손실을 복구할 뾰족한 묘수는 없다. 그렇지만 이제 30대 초반인 예림씨가 열심히 일해서 번 돈을 효과적으로 모으고 불리기 위해서는 앞으로도 오랫동안 금융상품을 이용해야 한다. 다시는 이런 일을 당하지 않기 위해서라도 금융상품에 대해 제대로 공부해 스스로 판단할 수 있는 능력을 키워야 한다. 다시는 그런 비윤리적인 증권회사 판매직원의 속임수에 넘어가지 않기 위해 대비하는 게 현재로서는 최선이다.

과거에 발행했던 ELS들이 손실이 많이 나 예전보다는 주춤하지만 요즘도 증권회사나 은행에 가면 ELS를 가입하라고 권유를 많이 한다. 그에 반해 소비자들은 ELS에 대해 잘 모르고 권유하는 대로 가입하다가 예림씨처럼 큰 손실을 보는 경우가 비일비재하다. 파생금융상품인 ELS는 10% 수익을 보려고 투자했다가 잘못되면 70~80% 손실을 볼 수도 있는 상품이다. 10번 중에 9번 잘 하다가 1번 잘못하면 9번 잘 한 게 별 볼일 없어진다. 펀드는 수익률이 나쁘면 회복될 때까지 기다리면 되지만 ELS는 만기 때 정산하고 청산한다. 예금은 금융회사가 망해도 원금이나 이자를 돌려받을 수 있는 안전장치가 있지만 ELS는 발행한 회사가 망하면 투자금을 다 돌려받을 수 없는 위험이 있다. 이렇게 많은 위험이 도사리고 있지만 ELS에 대해 잘 알고 투자하면 은행에 예금하는 것보다 훨씬 높은 수익을 얻을 수 있다는 장점도 있다. 요즘은 코로나바이러스감염증으로 주가 변동폭이 커지면서 바로 얼마 전보다 훨씬 높은 수익률인 연 10% 내외의 수익률을 제시하는 상품들이 계속 출시되고 있다. ELS에 투자할 때 꼭 알아둬야 하는 내용들에 대해 짚어보자.

첫째, ELS(Equity Linked Securities; 주계연계증권)**는 간단히 말하면 이렇다.**

ELS는 국내나 해외의 주식시장에서 거래되는 주식이나 지수를 이용해 만든 상품으로 주식과 지수라는 기초자산을 정해 놓고 1년 만기나 3년 만기처럼 일정한 기간 안에 상품마다 정해진 조건을 달성하면 은행이자보다 높은 수익을 얻을 수 있는 투자 상품이다. 물론 그렇지 못할 경우에는 원금만 보장되거나 큰 손실을 볼 수 있다. 3년 만기에 6개월마다 조기상환평가를 해서 상환 여부를 결정하는 ELS가 가장 많이 출시된다.

둘째, 기초자산 선택이 수익률과 원금손실을 좌우한다.

KOSPI200과 같은 주가지수를 기초자산으로 하는 지수형과 애플과 같은 종목을 기초자산으로 하는 종목형, 주가지수와 종목을 기초자산으로 섞은 지수종목혼합형 상품이 있다. 기초자산은 한 가지로 만들기도 하고, 2~3개를 묶어 구성하기도 하는데 요즘은 세 가지로 구성하는 ELS를 가장 많이 판매한다. 보통 기초자산을 두 가지로 구성할 때, 한 개는 안정적인 흐름을 보이는 기초자산을 다른 한 개는 변동성이 큰 기초자산을 선택해 구성한다. ELS 발행회사는 변동성이 큰 기초자산을 한 개는 포함해야 수익을 내기가 수월한데, 그 수익으로 가입자에게 청약할 때 제시한 수익률로 상환한다.

지수형은 KOSPI200(대표적인 국내 주식 200개 종목으로 산출하는 시가총액식 주가지수) & HSCEI(홍콩H지수) & S&P500(미국 스탠더드 앤드 푸어사가 발표하는 주가지수) 또는 HSCEI & S&P500 & EuroStoxx50(범유럽권지수)과 같은 형태로 기초자산들을 결합한다. 종목형은 애플이나 넷플릭스처럼 상장되어 있는 회사 주식들을 기초자산으로 결합한다. 삼성전자 같은 종목과 KOSPI200과 같은 지수를 기초자산으로 결합한 지수종목혼합형도 있다. 보통 애플과 넷플릭스 같은 주식들로 기초자산을 결합하는 종목형 ELS 제시 수익률이 지수형 ELS보다 높은데 종목형은 지수형보다 위험이 높으니 주의해야 한다. 지수형인 ELS 손실구간인 55%나 50%의 낙인 조건(상품마다 낙인 조건은 다르다. 예를 들어 주가지수가 1,000인데 낙인 조건이 55%라면 주가지수가 55% 아래로 내려가면 45% 이상의 손실을 볼 수 있다) 아래로 내려가는 게 글로벌 금융위기 같은 대형사건이 터지지 않는 한 거의 발생하지 않지만 종목형은 그런 대형사건이 벌어지지 않아도 낙인 조건 아래로 내려갈 확률이 있다. 지수형보다 수익률을 높게 제시한다고 종목형을 선택하면 나중에 크게 위험할 수 있다는 점은 반드시 알아둬야 한다.

일반적으로 세 가지 기초자산의 조건을 맞추는 것보다는 기초자산의 가짓수가 적을 때 조건을 맞추는 게 더 쉽다. 그런 이유로 세 가지 기초자산으로 운용하는 ELS는 조건을 맞출 경우 제시하는 수익률이 더 높고, 손실 발생에 큰 영향을 미치는 손실한계선에 대한 여지를 더 많이 주는 편이다. ELS에 처음 접근할 때는 가능하면 수익률이 조금 낮더라도 조건을 맞추기가 상대적으로 쉽게 만든 기초자산 수가 적은 상품을 선택하는 게 좋다.

셋째, 스텝업형(Step-Up) **& 스텝다운형**(Step-Down)**을 구분하라.**
ELS는 기초자산 가격이 최초 기준가격 대비, 정해진 기준

이상으로 상승하지 않으면 수익을 내는 상품과 정해진 기준 이하로 떨어지지 않으면 수익을 내는 상품으로 크게 구분할 수 있다. 전자는 스텝업형(Step-Up)이라 하고 후자는 스텝다운형(Step-Down)이라고 한다.

현재 금융회사에서 판매되고 있는 대부분의 ELS는 기초자산 가격이 최초 기준가격 대비해 정해진 기준 이하로 떨어지지 않으면 수익을 내는 스텝다운형(Step-Down)이 주류다. 원금비보장형 ELS의 손실은 상당히 큰 폭의 주식시장 상승(스텝업형) 또는 글로벌 금융위기 같은 대폭락이 발생할 때(스텝다운형)만 발생한다. 지수형 ELS는 이런 범위를 넘어설 가능성이 아주 적다.

넷째, 제시하는 수익률은 낮더라도 기초자산의 최초 가격대비 손실한계선의 폭이 넓은 게 안전하다.

투자한 시점에서 만기까지 기초자산 중에 한 개라도 손실한계선(낙인배리어: Knock in Barrier)인 45%~60%를 벗어나면 손실을 보는 조건으로 출시되는 ELS가 많다. 지수형은 낙인배리어(손실한계선)를 벗어나는 경우가 별로 없지만, 종목형은 실제로 낙인배리어를 벗어나는 경우가 꽤 생긴다. ELS에 투자할 때는 종목형보다는 지수형에 투자하는 게 더 낫다. 또 한 수익률을 조금 낮게 제시하더라도 스텝다운 상품(Step-Down)은 손실이 발생할 수 있는 기준점인 낙인배리어를 더 낮게 설정한 상품을 고르는 게 낫고 스텝업 상품(Step-Up)은 더 높은 게 낫다. 지수형도 낙인배리어가 높거나(스텝다운형) 낮게(스텝업형) 설정되면 손실한계선을 벗어날 가능성이 높아져 손실이 크게 날 수 있다.

실제로 주요 기초자산 중에 하나로 애용되고 있는 Euro Stoxx50지수는 2020년 2월 21일에 3,865.18로 최고점을 찍었었는데, 코로나바이러스감염증 여파로 불과 한 달 만인 3월 20일에 2,385.82로 최고점 대비 −38.27%로 하락하며 낙인배리어가 60%인 투자자들의 간담을 서늘하게 했다. 다행히 그 후 세계 각국이 신속하고 획기적인 부양책을 펴 한 달 후인 4월 22일 현재 2,834.90으로 회복을 했지만 언제 다시 폭탄이 터질지 몰라 아슬아슬한 상황이다. 더 거슬러 올라가면 HSCEI지수도 2007년 11월 2일 20,400.07에서 글로벌 금융위기가 터진 직후인 2008년 10월 31일에 4,990.08로 최고점대비 −75.54%로 큰 폭의 하락을 기록하면서 많은 투자자들에게 커다란 손실을 입혔었다. '설마 그런 일이 생기겠어' 하지만 정말 설마가 사람 잡는 일이 투자의 세계에서는 종종 벌어진다.

다섯째, 조기상환 조건이 낮은 ELS를 골라 투자해라.

3년 만기 ELS라면 보통 만기 전까지 6개월마다 한 번씩 5번의 조기상환 기회가 있다. 보통 초기 1년은 조기상환 조건이 높게 설정되었다가 만기로 갈수록 조건이 낮아진다.

KOSPI200 지수와 HSCEI 지수를 기초자산으로 하는 3년 만기 '스텝다운'형 ELS에 청약했다고 가정해보자. 기초자산가격은 KOSPI200 지수는 250으로, HSCEI지수는 10,000이라고 가정한다. 3년 동안 ELS 가입일 이후 6개월마다 5차에 걸쳐 조기상환 기회를 부여한다. 조기상환 조건에 해당하면 투자자에게 연 7%의 수익률로 조기상환하고 ELS는 청산된다. 조기상환 조건은 두 지수 모두 처음 1년은 조기상환평가일에 기초자산 가격의 95%를 넘어서면 조기 상환된다. 2년차에는 90%, 3년 차에는 85%로 조기상환 조건이 낮아진다. 가입일 이후 1년 차에는 조기상환평가일에 두 지수 모두 95%인 KOSPI200지수는 237.5, HSCEI지수는 9,500 이상이면 조기상환 된다. 2년 차에는 90%인 225와 9,000을 넘으면 되고 3년 차에는 85%인 212.5와 8,500만 넘어서면 연 7% 수익률로 투자금을 정산해서 투자자에게 돌려주고 ELS는 청산된다.

보통 조기상환 조건이 높으면 투자수익률을 상대적으로

높게 제시하고 낮으면 수익률을 상대적으로 낮게 제시한다. 초보 투자자들은 ELS 상품구조나 기초자산인 지수에 대한 감이 없으므로 ELS 투자 초기에는 조기상환평가기준이 낮은 상품을 선택해서 투자하는 게 더 낫겠다. 투자 경험이 쌓이면 조기상환평가기준이 조금 높더라도 수익률을 더 높게 제시하는 ELS에 투자할지 여부를 판단해서 선택하면 된다.

여섯째, 낙인배리어(손실한계선: Knock in Barrier)**가 낮은 ELS를 골라 투자해라.**

ELS 투자에서 낙인배리어의 의미를 정확히 알아야 한다. 낙인배리어를 벗어나는 순간 100%까지는 아니겠지만 큰 손실을 입을 수 있다. 다음과 같이 가정해보자. KOSPI 200 지수와 HSCEI 지수를 기초자산으로 하는 3년 만기 '스텝다운'형 ELS에 낙인(Knock-In) 조건이 55%로 설정되어 있다. 만기까지 조기상환이 되지 않았다. 만기까지 두 기초자산 중에 하나라도 만기기준 가격이 최초기준 가격 대비 55% 미만으로 떨어진 적이 있더라도 만기기준 가격이 최초기준 가격 대비 85% 이상이면 연 7%로 상환된다. 만기까지 두 기초자산 중에 하나라도 만기기준 가격이 최초기준 가격 대비 55% 미만으로 떨어진 적이 없으면 연 7%로 상환된다. 만기까지 두 기초자산 중에 하나라도 최초기준 가격 대비 55% 미만으로 떨어진

적이 있고 두 기초자산 중에 하나라도 만기기준 가격이 최초 기준 가격 대비 85% 아래로 떨어지면 더 많이 떨어진 기초자산을 기준으로 이론적으로 -15% ~ -100%까지 손실이 난다.

이런 조건의 ELS에 500만 원을 투자했는데 만기까지 기초자산 중에 하나가 낙인배리어인 55% 아래로 떨어진 적이 있고 만기기준가격이 최초기초 가격 대비 KOSPI200 지수는 83% HSCEI지수는 75%였다. 이때 손실을 계산해보자. 조기상환도 못 했고 만기까지 두 기초자산 중에 하나라도 최초기준 가격 대비 55% 미만으로 떨어진 적이 있다. 두 기초자산 모두 만기기준가격이 최초기준가격 대비 손실한계선인 85%를 못 넘었지만 75%로 더 많이 떨어진 HSCEI 지수가 손실을 산출하는 대상이 된다. 손실 계산식은 [(만기평가가격/최초기준가격)-1]×100%이다. 산식에 수치를 대입하면 [(7,500/10,000)-1]×100% = 25%이다. 즉, 500만 원을 이 ELS에 투자하면 125만 원의 원금손실을 입게 된다.

가장 많이 판매되는 스텝다운형 ELS를 기준으로 할 때 낙인배리어 조건이 ELS 마다 차이가 있는데 낙인조건이 높으면 (0을 기준) 상대적으로 높은 수익률을 제시하고 낙인조건이 낮으면(0을 기준) 상대적으로 낮은 수익률을 제시한다. 조기상환

조건과 마찬가지로 초보투자자는 수익률을 조금 낮게 제시하더라도 낙인조건을 낮게 제시하는 ELS를 선택해 투자하는 게 낫다.

일곱째, ELS에 투자할 때 '절판마케팅'에 휘둘리지 마라.

ELS는 증권회사의 사정에 따라 매주 3~4개 또는 9~10개 등 여러 가지 기초 자산들을 결합해 상품을 만들어 발행한다. 같은 기초자산들을 결합한 상품이라도 조기상환조건이나 낙인조건을 달리해서 판매되기 때문에 투자자가 자신의 투자성향이나 위험관리수준을 감안해 자신에게 맞는 상품을 선택할 수 있다. 비슷한 시기에 나오는 상품은 대부분 상품구조가 유사하니 이번 주에 청약하지 못했더라도 상품에 대해 자세히 알아보고 다음 주에 느긋하게 가입하면 된다. 예림씨처럼 증권회사 직원의 절판마케팅을 넘어선 거짓말에 넘어가면 절대 안 된다.

여덟째, 중도 상환 요청도 가능하다.

ELS는 만기상환이나 조기상환이 원칙이나 투자자가 원하면 중도상환을 신청할 수 있다. 시장교란 사유와 같은 특별한 사유가 아니라면 대부분의 증권회사는 중도상환 신청에 응한다. 이때, 중도상환금액을 어떻게 산정할 지가 문제가 된다. 중도상환금액의 결정은 제3의 독립된 평가기관의 평가가격을 산술평균해서 산출된 값을 기준으로 하는데 경과 기간에 따라 이렇게 평가된 가격의 90%~95% 수준에서 중도상환금을 돌려받을 수 있다. 대체로 6개월 이내에 중도상환을 요청하면 그 이후에 요청하는 것보다 중도상환 페널티 수수료가 높다. 중도상환을 결정하기 전에 증권회사 홈페이지를 방문해 ELS 기준가 조회(회사마다 메뉴명은 차이가 있을 수 있음)를 참고해 볼 수 있다. 기초자산 가격이 만기까지 계속 변동되고 페널티 수수료가 적용되기 때문에 중도상환을 신청하는 시점에 따라 원금 손실이 날 수도 있다.

아홉째, 수익에 대해서는 15.4%의 배당 소득세를 원천징수한다.

ELS는 수익이 배당소득으로 간주 돼 수익에 대해 15.4%의 세금을 원천 징수하고 투자금과 수익금을 돌려준다. 일반적으로 ELS 상품에 제시되는 수익률은 세전 수익률이다.

열 번째, 증권회사의 재무적인 상황을 예의주시하라.

금융회사가 파산하면 원금과 이자를 합해 5,000만 원까지 예금자 보호가 되는 은행의 예·적금이나 지분(보유좌수)에 따라 설정액을 나눠주는 펀드와는 달리 ELS는 발행회사인 증권회사가 파산하면 투자금의 전부 또는 일부를 돌려받지 못할 수 있다. ELS는 발행회사의 신용으로 발행되는 무보증 증권으로 발행회사가 파산하면 무담보 채권이나 무보증 채권과 동일한 채무변제순위를 적용받는다. 보통 회사가 파산하면 회사의 남은 재산으로 채무를 갚는 순위가 정해지는데 ELS는 후순위이다. ELS에 가입할 때는 발행회사인 증권회사의 재무적인 안정성을 반드시 체크해서 안전한 증권회사에서 발행하는 ELS에 한해서만 투자해야 한다.

열한 번째, ELS로 물레방아를 돌려라.

ELS는 증권사마다 서로 다른 기초자산을 결합해 매주 7~8개 내외로 발행된다. 시기마다 발행되는 상품의 개수는 달라진다. 따라서 성급하게 투자할 필요도 없고 투자금을 한 개의 ELS에 모두 집어넣을 필요도 없다. 먼저 ELS에 투자할 총금액을 결정한다. CMA에 이 돈을 넣어 두고 투자 준비를 해놓는다. 매 주 출시되는 상품들 중에서 좋은 상품만을 골라 분할해서 풍차를 돌리듯이 투자한다. 예를 들면, 총액 1,000만 원을 ELS에 투자하려고 마음먹었다면 200만 원씩 5번을 쪼개서 매주 나오는 상품 중에 좋은 상품만을 골라 청약하면 된다. 마음에 드는 상품이 없으면 그다음 주에 출시되는 상품을 살펴보고 선택하면 된다. ELS에 바로 청약하지 않는 자금은 CMA에 대기시켜 놓아도 예전보다는 적지만 이자는 나오니 ELS투자를 급하게 서두를 필요가 없다. 투자 시점의 분산도 위험을 분산해 전체 수익률을 관리할 수 있는 중요한 요소이므로 한 번에 전액을 투자하기보다는 분할 투자가 더 바람직하다. 투자한 상품에 따라서는 6개월이나 1년 만에 조기상환이 되는 상품이 있을 것이고 만기까지 가는 상품도 있을 수 있다. 돌려받은 투자금과 수익금은 재투자를 계속해 나가면 된다. ELS에 투자할 총금액만 정해 놓고 옛날 시골에서 보던 물레방아처럼 투자하면 된다.

열두 번째, 현재 평가액에 놀라지 마라.

지난해 5월부터 유튜브 방송 이천희망TV를 직접 운영하고 있다. 코로나바이러스감염증으로 인해 글로벌 주가가 폭락한 상황에서 ELS 투자자들의 걱정을 덜어주기 위해 '글로벌 주가지수 폭락 내 ELS 어떡해? ELS 투자자에게 드리는 조언'이라는 방송을 만들어 업로드했다. 그런 폭락상황에서는 투자자들이 평정심을 유지하기 힘들고 공포에 휩싸여 잘못된 결정을 내려 손해를 보기 쉬운데 그런 불상사를 막기 위해서였다. 그 방송에 많은 덧글이 달렸는데 현재의 평가액에 놀라 환매를 해야 할지에 대한 이야기가 많았다. 만기가 얼마 남지 않은 투자자는 그런 한 치 앞을 내다보지 못하는 상황에서는 환매를 적극적으로 고민해야 하겠지만 만기가 많이 남은 사람은 미리 고민할 필요가 없다고 조언했다. 과거의 경험으로 보면 시간의 문제지 주가는 제자리로 돌아왔고 폭락 전보다 더 높이 올라가기도 한다. 앞으로 여러 번의 조기상환 기회가 남아 있기 때문에 섣부르게 환매결정을 해서 미리 큰 손해를 확정할 필요가 없다. 게다가 만기 전 중도환매를 하면 현재 평가액의 5~10%를 중도환매 페널티로 물어야 한다. 결론적으로 주식시장이 폭락해도 만기가 많이 남아있으면 공포에 질려 성급하게 환매하지 않아도 된다. 마지막 조기상환평가 시점까지도 상환되지 않으면 그때부터 고민을 시작해도 늦지 않는다. 그 이후에는 만기까지 가입한 ELS에 속해있는 기초자산들의 흐름을 보다가 만기까지 갈지 손해를 보더라도 중도에 환매할지를 결정하면 된다. 그때는 과감해야 한다. 만기까지 가서 손해를 더 크게 보느니 불확실하더라도 만기 전에 환매하는 게 조금이라도 손해를 줄이는 결단이 될 수 있다.

열세 번째, 비슷해 보이지만 전혀 다른 DLS계열은 절대 조심해라.

주가지수나 원유 같은 실물자산을 기초자산으로 구성하는 DLS(Derivative Linked Securities: 파생결합증권)는 ELS와 수익이나 손실을 결정하는 구조가 비슷하다. 하지만 원유 같은 실물자산을 기초자산 중의 하나로 사용하고 있기 때문에 낙인배리어가 45%나 50%로 비교적 낮게 설정돼 있더라도 결코 안심

할 수 없다. 미래에셋대우증권 DLS 5745호 수익률 모의실험 (1997년 1월 2일~2017년 3월 3일, 실제 주가지수와 유가 변동 적용) 결과를 보면 20% 이상 손실을 보는 비율은 17.12%이고 50% 이상 손실을 보는 비율은 6.94%이다. 이 상품이 제시하는 연 5.6%의 수익을 얻기 위해 이 상품에 투자하면 100명 중 17명은 20% 이상 손실을 보고 그 중 7명은 50% 이상 손실을 볼 수 있다는 과거 실제 기초자산의 흐름을 적용한 실험결과인데 이런 데이터를 알고도 이 상품에 가입할 사람이 있을까? 아마 없을 거다. 낙인배리어를 최대한 낮게 설정했다고 위험이 없는 게 아니다. 낙인배리어가 45%로 설정돼 있고 기초자산 중에 하나로 WTI원유선물을 편입하는 DLS가 있다고 가정해보자. 2019년 10월5일 $76.41이었던 WTI원유선물 가격이 6개월 후인 2020년 4월6일 $26.08로 무려 66% 가까이 폭락했다. 이 책을 쓰고 있는 4월 22일 현재는 $13.78로 추가로 더 폭락했다. 만기일까지 WTI원유선물 가격이 회복되지 않으면 수익률 모의실험에서 50% 이상 손해 보는 100명 중 7명에 해당될 수 있다. 낙인배리어가 45%로 낮게 설정돼 있어도 안전하지 않다는 이야기다. 원유선물 같은 실물자산은 ELS가 기초자산으로 주로 편입하는 주가지수보다 변동폭이 크고 예측이 어렵기 때문에 위험을 즐기는 성격이라면 몰라도 그렇지 않다면 애초부터 피하는 게 능사다.

12

ₘₘₘₘₘₘₘₘₘₘₘₘₘₘₘₘₘₘₘₘₘₘₘₘₘₘₘₘₘₘₘₘ

삼성생명 연금과
교보생명 연금은
정말 차이가 많이 날까?

ₘₘₘₘₘₘₘₘₘₘₘₘₘₘₘₘₘₘₘₘₘₘₘₘₘₘₘₘₘₘₘₘ

대표성 휴리스틱

100세 시대 노후준비, 강제저축말고는 답이 없다

w M w

'갱신'이라는 단어를 네이버 국어사전에서 검색해보면 '이미 있던 것을 고쳐 새롭게 함'이라고 나와 있다. 이 의미를 보험에서 사용하는 용어로 바꿔보면 '만기 후에 보험료를 조정해서 다시 새롭게 기간을 연장한다'는 의미이다. 보험료 조정은 '나이'와 이 상품 가입자들이 낸 보험료 대비 얼마나 보험금을 타갔는지 비율로 나타내는 '손해율'에 따라 조정이 되는데 대부분 자동갱신 시점마다 인상된다고 보면 된다.

보험계약 조건에는 '갱신형' 계약 조건과 '비갱신형' 계약 조건이 있다. 갱신형 계약은 '3년 만기 3년 납입 3년 자동갱신'과 같이 표시되는 데 3년 후에 계약자가 동의하지 않겠다는 의사 표시를 하지 않는 한 변경된 보험료를 적용해서 계약이 자동 연장된다. 비갱신형 계약은 '100세 만기 20년 납입'과 같이 표시되는데 보험회사는 100세까지 보장해주기 위한 보험료를 초기 20년 동안 나눠 낼 때의 금액으로 산출해 보험료를 결정한다. 계약자는 그 금액을 20년 동안 동일하게 불입하면 된다.

'갱신형' 계약은 갱신되기 전에는 3년 만기를 기준으로 보험료를 산출하기 때문에 초기에는 보험료가 저렴하나 갱신 시점마다 보험료가 올라간다. 보험계약자 입장에서는 100세까지 갱신되는 계약조건이라면 그때까지 보험료를 불입해야 하는데 보험료가 얼마나 올라갈지에 대한 예측이 불가능하다. 반면 보험회사는 처음 계약할 때 산출한 금액으로 거둬들인 보험료 대비 보험금 지급이 많아지면 갱신할 때 보험료를 올리면 되기 때문에 미래의 보험금 지급에 대한 불확실성을 대부분 없앨 수 있다. 결론적으로 '갱신형' 조건은 미래 불확실성에 대한 위험을 보험계약자가 부담하는 계약이다.

'비갱신형' 계약은 처음에 계약할 때 정해진 보험료로 불입하면 만기까지 보장받을 수 있다. '갱신형' 계약과 반대로 보험계약자는 가입할 때 정해진 보험료로 정해진 기간만 내면 100세까지 보장받는다. 초기 보험료는 같은 보장 금액이라도 '갱신형' 계약에 비해 비싸지만 앞으로 보험료가 변동되거나 미래에 보험료가 오를지 모르는 불확실성은 없다. 반면 보험회사는 처음 계약할 때 산출한 금액으로 거둬들인 보험료에 비해 보험금 지급이 많아지면 역마진이 발생해 재무상황이 나빠질 수 있다. 보험회사가 보험료 산출을 제대로 예측하지 못하거나 계약을 많이 하려고 싼 보험료로 고객을 유인하다가는 최악의 경우 파산할 수도 있다.

결론적으로 보험계약자 입장에서는 미래예측이 가능한 '비갱신형' 계약이 대부분 유리하다. 보험회사 입장에서는 거둬들인 보험료 대비 보험금 지급이 많으면 갱신할 때 보험료를 올려 그 리스크를 고객에게 전가할 수 있는 '갱신형' 계약이 유리하다. 보험회사 구분 없이 실손의료비 특약처럼 '1년 만기 1년 자동갱신'과 같이 반드시 '갱신형'으로 계약해야 하는 보장항목이 있는 반면 보험회사에 따라 보장항목마다 '갱신형'으로 계약해야만 하는 회사가 있고 '비갱신형'으로 계약해도 되는 회사가 있다. 소비자 입장에서는 반드시 '갱신형'으로 가입해야 하는 계약이나 소비자를 위한 특별한 의도가 있어 '갱신형'을 추가하는 보장항목 말고는 가능하면 '비갱신형'

으로 계약하는 게 유리하다.

    삼성 마니아인 김경씨를 처음 만난 건 몇 해 전에 진행했던 '리치우먼 프로젝트'라는 재테크 동호회 모임에서였다. 그 모임에서 멘토 역할을 맡았고 '금융상품으로 행복한 부자 되기'라는 주제로 강의를 했다. 보험 강의를 할 때 '갱신형'과 '비갱신형' 계약에 대해 열심히 설명했다. "삼성화재 같은 보험회사들이 미래의 불확실한 리스크를 회피하려고 대부분의 보장 항목들을 '갱신형'으로 구성하고 있다. 점점 많은 보험회사들이 '갱신형'계약을 선호하고 있으며 상품을 개정하거나 신상품을 출시하면서 '갱신형'계약 조건을 점점 늘리고 있다"고 열변을 토했다. 잠시 쉬는 시간에 김경씨가 다가와 남편과 자신의 보험도 삼성화재에서 가입했는데 어떻게 하면 좋겠냐고 물었다. 휴식시간이 얼마 남지 않아 명함을 주면서 나중에 시간될 때 사무실로 찾아오라고 하고 나머지 강의를 계속 진행했다.

    재테크 모임이 끝나고 얼마 지나지 않아 김경씨에게 연락이 와서 사무실에서 만났다. 김경씨는 삼성화재에 가입한 부부의 보험증서를 가지고 왔다. 보험증서에 적혀있는 '갱신형' 계약과 '비갱신형' 계약조건에 대해 실제 사례와 비교하면서 자세히 설명해줬다. 설명이 끝나자 내용을 완전히 이해한 김경씨가 그러면 어떻게 하면 좋겠냐고 물었다. 보험에 가입한 지 2년이 조금 지났지만 더 늦기 전에 바꿔 타는 게 좋겠다는 생각을 내심하고 있었지만 신중을 기하려고 김경씨에게 "최근 5년 이내에 부부가 병원에서 치료를 받은 적이 있나요?"라고 질문했다. 남편은 아무런 문제가 없었지만 김경씨는 위염으로 현재 약을 복용하며 치료 중이라고 했다. 보장성보험은 현재 치료 중이면 가입이 안 된다. 치료가 끝나더라도 위염 같은 병력은 3년이나 5년의 기간을 정해놓고 그 기간 안에는 위나 장에 문제가 생겨 치료를 받아도 보험회사가 보험금을 지급하지 않는다는 '부담보 조건'을 동의해야 보험에 가입할 수 있다. 결국 과거 병력이 없었던 남편은 다른 보험회사의 '비갱신형' 계약 위주인 보험으로 갈아탔지만 김경씨는 울며 겨자 먹기로 '갱신형' 조건이 대부분인 삼성화재 보험을 당분간 유지하기로 하고 치료가 완전히 끝난 후에 다시 검토하기로 했다.

상담할 때 고객들에게 늘 하는 질문이 있다. 보험이든 펀드든 연금이든 '왜 이 상품에 가입했냐?'이다. 이 질문 하나로 고객의 성향을 비롯해 돈에 대한 생각, 금융상품에 대한 이해정도를 파악할 수 있기 때문이다. 마찬가지로 김경씨에게도 같은 질문을 던졌다. 김경씨의 답은 의외였다. 삼성 브랜드가 신뢰가 가서 가입했다고 한다. 지금 사용하고 있는 휴대폰은 물론이고 자동차를 비롯해 노트북까지 삼성제품이 많다고 했다. 보험에 가입할 때도 다른 보험회사 상품과는 비교도 하지 않고 삼성화재 콜센터에 직접 전화를 걸어 직원이 추천해주는 대로 '묻지도' '따지지도' 않고 가입했다고 했다. 삼성이 1등 제품이 많으니 그럴 수도 있겠다 싶었지만 맹목적인 삼성 브랜드 사랑이 결국 보험에서는 실패했다.

어떤 사건이 전체를 대표한다고 보고 이를 통해 이성과 합리성에 근거해 판단을 내리기보다는 직감이나 직관으로 빈도와 확률을 판단하는 것을 '대표성 휴리스틱'이라고 한다. 소비자들이 노트북이나 TV 등 물건을 구입할 때 이성과 합리성에 근거해 가격이나 성능 등을 비교해서 최고의 상품을 선택하지 않고 평소 좋아하거나 친근한 '브랜드'이기 때문에 선택하는 경우가 이에 해당하는데 김경씨도 마찬가지다. '대표성 휴리스틱'이라는 심리적 기제가 작동돼 보험에 대한 전문적인 지식이 없는데도 불구하고 다른 보험회사의 상품과 비교도 하지 않았다. 평소 맹목적으로 좋아하는 '삼성'이라는 브랜드만 믿고 콜센터 직원이 추천하는 대로 보험에 가입했다가 결국은 손해를 본 것이다. 만약 김경씨가 '위염' 같은 가벼운 질병이 아니라 여성들에게 많이 발병하는 '자궁근종'에 걸려 자궁을 들어냈다면 3년이나 5년 정도의 '부담보 조건'이 아니라 자궁 관련한 질병은 평생 보장해주지 않는 조건이 아니면 보험에 가입할 수 없다. 여성들에게 자궁암 발병률이 높은데 다른 보험으로 갈아타면 자궁을 평생 보장해주지 않기 때문에 지금 가입한 삼성화재 보험을 계속 유지해야 한다. 그럴 경우 '갱신' 때마다 예측할 수 없는 보험료를 내야 하는 스트레스를 받게 된다. 대부분 100세까지 그 스트레스는 계속된다. 어느 시점이 되면 많이 오른 갱신보험료가 부담돼 보험을 더 이상 갱신하지 못하고 중도에 포기해야 할 수도 있다.

노트북이나 휴대폰처럼 몇 년 쓰고 교체해야 하는 상품은 브랜드에 대한 신뢰와 애정을 가지고 좋아하는 브랜드를 선택해서 실패하더라도 큰 손해가 없다. 그렇지만 20~30년 동안 불입해야 하고 80세나 100세까지 유지해야 하는 보험 같은 장기 상품은 한 번 잘못 선택하면 손실도 크고 순간의 잘못된 선택을 평생 후회할 수도 있다. 김경씨가 어떻게 보면 큰 문제가 아닌 3년이나 5년 '부담보 조건' 정도의 상황에 대해서도 자신의 선택을 후회하는데, 그보다 문제가 더 커질 때는 말을 더 보태지 않아도 느낌이 확 올 것이다. 김경씨 부부가 매월 불입해야 하는 보험료는 22만 원이었다. 월 22만 원씩 20년을 불입하면 원금만 5,280만 원이다. 당신이 5,280만 원짜리 물건을 살 때 '대표성 휴리스틱'에 휘둘려 브랜드 밸류만 믿고 김경씨처럼 '묻지도 따지지도 않고' 판매원이 추천하는 대로 그 자리에서 물건을 바로 사겠나? 아마 그러지 않을 것이다. 보통 사람이라면 몇 달을 고민하고 수많은 매장을 방문해 가격과 성능 등을 비교하고 따져보면서 구입을 망설인다. 게다가 가격을 더 깎을 수 있는 방법을 찾기 위해 가능한 모든 수단을 강구할 것이다. 보험가입도 그렇게 꼼꼼히 따져서 신중하게 가입해야 나중에 후회하지 않는다.

몇 달이 지나자 김경씨는 위염이 완치됐다. 그때부터 3개월이 지나서야 보험가입을 위해 위염 발병 사실과 치료사항에 대해 다른 보험회사에 사전 고지를 했다. 위와 장의 문제로 보험금 지급사유가 발생해도 5년 동안은 보험금을 받지 않겠다는 '5년 부담보 조건'에 서명한 후에야 비로소 그 보험회사로부터 승낙을 받고 보험을 갈아탈 수 있었다. 5년 부담보 조건이 못내 아쉬웠던 김경씨는 위염이 그렇게 심각한 질병이 아닌데 위염에 대해 사전 고지를 하지 않고 가입하면 안 되겠냐고 몇 번이나 물었다. 계약 전 알릴 의무인 고지 의무를 제대로 해놓아야 나중에 보험금 지급사유가 발생했을 때 보험회사로부터 불이익을 당하지 않는다고 몇 번이나 강조했고 결국 사전 고지를 했다.

건강할 때는 보험가입에 아무런 문제가 없다. 하지만 김경씨처럼 정상적인 가입에 문제가 되는 질병에 걸리고 나면 보험가입이 거절당하거나 나쁜 조건의 단서조항을 달고 보험에 가입해야 한다. 김경씨와 같은 일을 당하지 않았을 때는 대부분 보험에 가입하고 말고는 내 마음이라고 '갑'의 자세로 큰소리친다. 그런데 기존 병력 때문에 보험회사로부터 가입을 거절당하거나 보험회사가 좋지 않은 조건을 내걸면 그때부터는 '을'의 자세가 돼 어떻게 하든 보험에 가입하고 싶어 한다. 보험회사로부터 어떤 조치를 당하지 않더라도 건강상 문제가 생기면 마찬가지로 보험에 꼭 가입하기 위해 애를 쓴다. 이때 빠지기 쉬운 유혹이 사전 알릴 의무인 고지 의무 위반이다. 일부지만 판매인은 고객이 원하기도 하지만 사전 고지를 제대로 하면 보험가입이 되지 않아 실적을 못 올리기 때문에 고지 위반을 유도하거나 동조하기도 한다. 보험가입을 간절히 원하는 사람들은 고지 위반을 해서라도 보험에 가입하려고 한다. 일부 양심불량인 판매인이 문제없을 거라고 이야기하니 그 말을 쉽게 믿는다. 사전고지를 해야 한다는 것을 알면서도 보험에 가입하려는 욕심 때문에 판매인에게 고지사항에 대해 이야기하지 않고 자의로 고지 위반을 하기도 한다. 나중에 정말 문제가 없을까? 아니다. 보험 가입할 때 사전 고지를 제대로 하지 않았는데 보험가입 후에 보험회사가 그 사실을 알면 고지 위반을 빌미로 암 같이 치료비가 많이 드는 큰 병에 걸리거나 사망해도 보험금을 못 받을 수 있다. 자칫 잘못하면 보험사기범으로 몰려 보험회사와 지루한 소송을 해야 할지도 모른다. 계약을 강제로 해지당해 더 이상 보험가입이 되지 않을 수도 있다. 판매인의 과실이 있더라도 이런 일이 생기면 우선은 보험계약자가 보험회사와 직접 몸소 부딪혀야 한다. 판매인의 과실이 밝혀져도 판매인은 전면에 나서지 않는다. 보험회사가 일단 해결하고 나중에 판매인에게 구상권을 행사한다. 보험 청약서에 서명할 때 고지해야 하는 내용들은 반드시 고지해야 한다. 그래야 나중에 불이익을 당하지 않는다.

사전고지 의무에 대해
꼭 알아둬야 할 것들을 짚어보자

보험에 가입할 때 현재 직업, 과거 병력, 현재 치료 상황, 취미 등 보험회사가 이 사실을 알았더라면 보험가입에 영향을 줄 수 있는 내용은 반드시 정확하게 고지해야 한다. 특정 직업 또는 위험한 취미가 있거나, 과거 병력이 있거나, 현재 질병이나 상해로 치료받고 있어서 이러한 사항에 대해 보험회사에 정확히 고지하면 보험가입이 거절될 수도 있다. 보장이 제한되거나 남들보다 비싼 보험료를 낼 수도 있다. 경우에 따라서는 신체 부위에 따라 일정 기간 또는 전 기간 보상이 되지 않는 부담보 기간이 설정될 수도 있다. 이러한 이유들 때문에 보험에 꼭 가입하고 싶은 소비자는 고지 의무 위반에 대한 유혹을 종종 느끼곤 한다.

보험 약관에는 고지 의무를 위반했을 때 가입한 지 2년이 지났거나 5년 이내에 명백한 사기 사실이 없을 경우에만 보상해 준다는 항목이 있다. 일부 부도덕한 판매인은 이러한 사유를 잘 알지만 수수료에 대한 욕심 때문에 고의로 소비자에게 이러한 사실을 알리지 않거나 소비자와 협의해서 고지를 하지 않기도 한다. 보험가입 시점에 보험회사가 이러한 고지위반 사항을 찾아내지 못하면 보험 가입은 쉽게 된다. 보험료도 매달 꼬박꼬박 잘 받아간다. 일부 보험회사는 보험에 가입할 때는 고지위반사항에 대해 적극적으로 찾아내지 않고 일단 계약을 받기도 한다. 그런데 보험계약자가 보상받을 일이 생겨 보험금을 청구하면 상황이 확 달라진다. 요즘은 보험회사들이 소액 보험금 청구 건에 대해서는 회사 이미지나 내부사정 때문에 보험금을 바로바로 지급하지만 청구 금액이 100만 원을 넘어서면 수단과 방법을 가리지 않고 적극적으로 조사해서 고지 의무 위반사항을 찾아내려고 애를 쓴다. 보험에 가입할 당시의 고지 의무 위반사항을 찾아내면 보험회사는 보험금을 전혀 지급하지 않거나 삭감해서 일부만 지급하거나 보험을 강제로 해지하기도 한다. 보험회사가 강제로 보험을 해지해버리면 당장 보험금을 제대로 보상받지 못하는 것도 문제지만, 앞으로 더 이상 보험에 가입하지 못해 이후로는 보장을 받을 수 없다는 것이 더 큰 문제다.

사전고지를 제대로 한 후에 보험회사의 승낙을 받아 보험에 가입하면 나중에 아무런 문제가 없다. 나중에 보상 사유가 발생했을 때도 고지 사항이 정확하다면 보험회사와 분쟁 없이 보험금을 정상적으로 지급받는다. 고지를 제대로 하면 경우에 따라서는 보험 가입이 거절되거나 보험 가입금액이나 보장 항목을 제한받을 수는 있다. 지금 치료 중이라 보험가입이 되지 않으면 치료가 완전히 끝나 전혀 문제가 없을 때 조금 늦어지더라도 깔끔한 상태에서 보험에 가입하면 된다. 그래야 나중에 문제가 생기지 않고 보험회사가 부당하게 행동하면 보험회사에 맞서 당당하게 싸울 수 있다.

고지 의무를 위반해서 나중에 청구한 보험금도 제대로 받지 못하는 보험에 꼬박꼬박 보험료를 붓는 것은 낭비다. 나중에 보상도 받지 못하는 보험을 가입했기 때문에 다른 보험에 가입하지 않았다면 문제가 더 커진다. 차라리 제대로 고지했는데 보험에 가입이 되지 않으면 미련을 가지지 말고 별도로 의료비 통장을 만들어 보험료만큼 저축해서 만일의 경우를 대비하면 된다. 어떤 경우에라도 고지사항에 대해서는 정확하게 알리고 보험에 가입하자. 나중에 문제가 생겼을 때 책임져 줄 수 있는 사람은 본인 말고는 아무도 없다. 그때는 후회해도 이미 기차는 떠난 후다.

부모님이 국민연금을 꼬박꼬박 받는 진짜 이유

불과 십여 년 전만 해도 국민연금에 대한 불신이 하늘을 찔렀다. 불신이 어느 정도 잦아든 시점은 국민연금을 수령하는 사람들이 실제로 주변에 생기면서부터다. 국민연금기금이 조기에 고갈돼 연금을 주지 않거나 약속한 연금액을 지급하지 않고 적게 지급할 줄 알았는데 주변에 연금을 받으시는 어르신들을 보니 불입한 금액 대비 연금으로 지급받는 금액이 꽤 크다. 게다가 매년 물가상승률을 반영해 연금액을 조정해주기 때문에 물가상승에 따라 화폐가치가 하락해도 전혀 걱정할 필요가 없다. 은퇴생활을 하는 어르신 중에는 노후를 위해 젊었을 때부터 열심히 돈을 모아 현금을 은행에 맡겨놓고 이자를 받거나 은퇴 전에 가입했던 개인연금에서 연금을 지급받아 생활하기도 한다. 그런데 다른 어떤 노후준비수단과 비교해도 같은 공적연금인 공무원 연금이나 교직원 연금 등 직역연금을 제외하고는 국민연금만큼 불입한 금액 대비 수령받는 금액이 큰 상품은 찾아보기 어렵다.

현재 국민연금은 급여의 9%를 보험료로 불입해야 하는데 직장인은 9% 중 4.5%는 본인이 나머지 4.5%는 회사가 부담한다. 직장인이 아닌 자영업자나 기타 소득자는 본인이 9% 전액을 불입해야 한다. 직장인은 소득이 투명하기 때문에 회사에서 강제적으로 실제 소득의 4.5%를 정확하게 사전 공제한 후 급여를 지급한다. 반면에 자영업자들은 소득 파악이 정확하지 않고 급여에서 강제로 공제하는 것이 아니라 개별적으로 자동이체 등의 수단을 이용해 보험료를 납입한다. 여기서 큰 차이가 발생한다. 직장인은 소득이 있으면 본인이 원하든 원하지 않든 국민연금보험료가 강제로 공제돼 납입되지만 자영업자는 금액을 적게 내거나 보험료 징수가 강제적이지 않기 때문에 연체를 하거나 납부 예외를 신청해 실제로 국민연금 보험료를 4명 중 1명 정도 불입하고 있는 실정이다.

이러한 차이는 연금보험료 불입에 대한 강제적 구속력이

있는지 없는지에 전적으로 달려있다. 직장인은 국민연금에 대한 불신 때문에 국민연금보험료를 불입하기 싫더라도 급여에서 사전 공제되기 때문에 직장을 다니는 한 본인의 의사와 관계없이 강제적으로 보험료를 낼 수밖에 없다. 하지만 자영업자의 경우에는 소득파악이 정확히 되지 않아 사각지대가 존재하고 소득대비 보험료를 적게 내는 사람들이 많다. 2018년 8월말 기준 18~59세 국민연금 지역가입자 중 납부예외자 수가 352만6,071명인데 전체 국민연금 지역가입자의 47.7%에 해당된다. 강제징수가 아니라 임의로 보험료를 내기 때문에 장기 연체를 하거나 보험료를 아예 내지 않는 가입자들까지 포함하면 나중에 지역가입자는 국민연금을 받는 사람보다 받지 못하는 사람들이 더 많을 것이다.

강제적 구속력 유무에 따른 노후준비 상황을 파악하기 위해서는 2014년 삼성생명 은퇴연구소에서 발표한 '한국의 성별 연금격차 현황' 보고서를 참고할 필요가 있다. 이 보고서에 의해 65세 이상 연금수급자의 연금수급율을 참고하면 국민연금, 공무원연금, 교직원연금, 군인연금과 같이 강제적 구속력이 있는 공적연금을 수령하는 비율이 30.4%인 반면에 사적연금을 수령한 비율은 0.1%에 불과하다. 강제적 구속력이 없는 노후준비는 사상누각에 불과하다는 것을 잘 보여주는 통계자료이기도 하지만 노후준비를 잘 하려면 공적연금과 같은 강제저축 시스템을 만들어야 한다는 것을 보여준다.

작년에 아버지가 폐암으로 사망하자 홀로 남겨진 어머니의 노후대책을 상의하기 위해 김민성씨가 어머니를 모시고 함께 사무실을 방문했었다. 민성씨 아버지는 은행에서 오래 근무하다 은퇴하셨다. 아버지 사망 전에는 국민연금과 은퇴 전까지 만들었던 목돈을 은행에 넣어 두고 이자를 받아 생활했다. 민성씨는 아버지가 사망하자 아버지가 물려주신 재산으로 어머니의 노후생활을 안정적으로 만들기를 원했다.

어머님과 대화를 나누다 보니 눈 감을 때까지 매달 150만 원만 안정적으로 확보되면 혼자 생활하는데 충분하다고 말씀

하셨다. 재정 상황을 파악해보니 어머니 노후생활비를 안정적으로 만드는 데는 아버지 생전에 매달 나왔던 국민연금이 큰 도움이 됐다. 어머니가 돌아가실 때까지 아버지가 수령했던 연금액의 50%를 유족연금으로 받을 수 있다. 은행에서 근무했던 아버지의 연봉이 높았기 때문에 50%만 받아도 60만 원 가까이 됐다. 어머니는 국민연금에서 유족연금으로 매달 60만 원씩 받는 것에 대해 먼저 사망한 남편에게 상당히 고마워했다. 지금의 이자율로는 매달 60만 원을 받으려면 4억3,000만 원은 은행에 예치해 놓아야 하니 국민연금에서 나오는 돈이 엄청 크게 느껴진다고 이야기했다.

동네에 비슷한 또래의 할머니 할아버지 중에 공무원이나 교직으로 은퇴하신 분들 말고는 국민연금을 받는 분들도 드물다고 했다. 남편이 직장생활을 오래 해 그나마 공무원이 아니더라도 국민연금을 받을 수 있어서 남편이 남겨준 재산과 함께 아껴 쓰면 홀로 살아도 경제적으로 불안하지 않을 것 같다고 몇 번이나 말씀하셨다. 어머니를 모시고 함께 온 민성씨도 상황 파악 후에 어머니 노후에 대해서는 걱정하지 않아도 되겠다면서 안도했다. 민성씨 아버지가 직장 다니면서 급여에서 사전에 강제적으로 공제해 낸 돈이라는 실감이 나지 않았던 국민연금이 노후생활을 시작하면서 큰 보탬이 됐고 사망해서는 국민연금 미가입자인 아내에게 유족연금으로 노후생활을 안정적으로 만드는데 큰 힘이 됐다.

민성씨 어머니 이야기를 하다 보니 비슷한 시기에 나를 찾아왔던 김순자 할머니 이야기를 하지 않을 수 없다. 할머니는 내 방에 들어와서 한숨부터 크게 쉬었다. 노후가 걱정돼서 찾아왔고 남편이 사망한 것은 민성씨 어머니와 같았지만 처지는 완전히 달랐다. 50대 초반까지는 부부가 함께 시내에서 설렁탕집을 했었는데 IMF 전까지는 장사가 잘됐다. 그때는 저축도 많이 했다. 몸은 고단했지만 아이들이 공부를 잘했고 나날이 통장이 두둑해지는 재미에 하루하루가 행복했다. 지금 생각하면 그때가 황금기였다. 그런데, 1997년에 IMF가 터지고 나서는 가게에 손님이 뚝 떨어졌다. 처음에는 곧 괜찮아지겠지 하면서 저축했던 돈으로 생활했으나, 장사가 호전될 기미가 없었다. 게다가 경기가 어려운데 직장을 다닐 수 없게 된 퇴직자들이 자영업에 뛰어들면서 주변에 음식점이 많이 늘어났다. 그사이 할머니 가게 주변에 프랜차이즈 설렁탕집이 두 집이 더 생기면서 손님은 더 떨어졌고 임대료를 더이상 감당하지 못해 가게를 접었다.

가게를 정리하고 나서 받은 돈과 저축했던 돈을 조금씩 쓰면서 앞으로 뭘 할까를 궁리했다. 그사이 아이들이 한 해 걸러 대학에 진학하면서 통장 잔고가 하루가 다르게 줄어들었다. 설상가상으로 남편이 간암에 걸리면서 그동안 모아놓았던 돈이 치료비로 다 들어가고 그것도 부족해 집을 팔아 전세로 옮기고 남은 돈을 치료비에 보탰지만 남편은 결국 사망했다. 그 후에 아이들은 학자금대출을 받아 대학에 다니고 할머니는 배운 게 도둑질이라고 식당에 나가 일을 거들면서 생계를 꾸려왔는데 이제는 힘이 달려 식당에서 힘든 일을 할 수 없는 상황이다. 다행히 아이들이 취직해서 생활비를 보태기 때문에 당장 큰 걱정은 되지 않지만 아이들이 결혼하고 나면 할머니 생계가 막막한 상황이었다.

할머니에게 국민연금을 받으시냐고 물었더니 국민연금은 가입만 했지 돈을 불입하지는 않았다고 했다. IMF 전까지는 연체된 것을 정리해줄 테니 국민연금을 내라고 가끔 연락이 왔었다. 그 이후로는 국민연금을 낼 능력도 안 되고 자꾸 연락 오는 것도 괴로워 납부유예자 신청을 했었다. 왜 국민연금을 불입하지 않았냐는 내 질문에 할머니는 설렁탕집을 할 때 가게 손님으로 금융회사 직원들이 많이 왔었는데 그 직원들이 국민연금은 나중에 고갈돼서 연금을 받을 수 없을 테니 자기들 회사 연금에 가입하라고 여러 번 권했다고 했다. 그 직원들이 가게에 자주 오니 영업에도 도움이 되고 노후준비도 할 겸해서 개인연금에 여러 개 가입했다가 남편 치료비 때문에 다 깨서 사용해버렸다고 했다.

그때 국민연금이라도 10년만 불입했으면 지금 노후 걱정을 조금은 덜 수 있었을 거라고 안타깝게 말하자 할머니도 한숨을 쉬면서 "그러게"라고 힘없이 맞장구를 치셨다. 상황이 상황인지라 딱히 도움 드릴 만한 것도 없고 두 시간 넘게 할머니 하소연을 들어드린 것이 내가 김순자 할머니를 위해 할 수 있는 최선이었다. 장사 잘 될 때 직장인들처럼 강제적으로 국민연금이 통장에서 10년만 빠져나갔어도 할머니의 노후는 덜 불안했을 것이다. 노후준비를 공적연금처럼 강제저축으로 모아나가고 아무리 어려워도 그 돈에 손을 대지 않게 만들어놓아야 노후가 그나마 덜 불안해진다는 사실만 다시 한번 확인했다. 비슷한 시기에 서로 다른 상황에 놓인 두 할머니를 보면서 많이 착잡했던 기억이 새삼 떠오른다.

스스로의 능력을 과대평가해 자신을 통제할 수 있다고 생각하는 태도나 외부환경을 자신이 원하는 방식으로 변화시킬 수 있다고 믿는 심리를 '통제의 환상'이라고 한다. 통제의 환상이라는 심리적 기제가 작동되면 나만 예외라고 착각하게 된다. 다른 사람들은 해낼 수 없을지 몰라도 나만은 해낼 수 있다는 착각에 사로잡혀 큰 실패를 할 수 있다. 매사에 자신감이 없는 사람보다는 자신에 대해 과대평가해서 자신감이 넘치는 사람들이 더 당당해 보일 수는 있다. 하지만 자신감이 없는 사람은 큰 실수를 하지 않지만 '통제의 환상'이 심하게 작동하는 사람들은 큰 실수를 할 때가 종종 있다. 상담하거나 강연할 때 노후자금 준비는 대부분 강제저축이 가능하고 초기에 해약하면 손해를 볼 수 있는 연금저축이나 연금보험으로 준비하라고 강조한다.

주식투자를 하고 있었기 때문에 노후준비를 연금저축과 연금보험을 섞어서 하는 것이 효과적이라는 내 조언을 들은 척도 하지 않던 내담자가 있었다. 그때까지 주식으로 짭짤한 수익을 거뒀기 때문에 연금저축이나 연금보험의 수익률로는 성에 차지 않았다. 내가 그 내담자에게 연금저축이나 연금보험으로 노후를 준비하라는 데는 두 가지 이유가 있었다.

첫 번째 이유는, 노후자금은 바로 주식이나 예금처럼 당장 현금화시킬 수 있는 투자수단을 절대 이용하지 말라는 것이다. 그런 바구니에 들어있는 돈은 노후자금이 아니라 당장 필요하거나 급한 용처로 사라진다. 당장 집을 사는 데 보탠다든지 빚을 갚는다든지 아이들 학자금으로 사용하든지 일부를 헐어서 원하는 것을 사고 만다. 지난 24년 동안 경험한 사람들 중 열에 아홉은 그랬다. 잘 하다가도 김순자 할머니처럼 한순간에 상황이 나빠져 전혀 준비하지 못한 채 노후를 맞이하는 사람들도 숱하게 봤다.

두 번째 이유는 수익률이 좋을 때는 투자를 하지만 수익률이 급격하게 나빠지면 그동안 불려 놓았던 돈이 한순간에 무너지고 새로운 돈을 노후를 위해 더 이상 투입하지 않고 다른 용도로 사용해 버리기 때문이다. 예전에 노후자금을 주식이나 펀드로 모으겠다는 사람들이 대부분 그랬다. 그 사람들 중에는 10년이 지나도 노후자금을 별로 모으지 못했거나 노후준비를 시작하지도 못한 사람들이 많다. 그새 시간만 낭비했다. 노후준비를 강제저축 기능이 있는 연금저축이나 연금보험으로 준비하라는 내 조언을 듣지 않았던 친구도 그랬다. 몇 년이 지난 후에 나를 다시 만나서는 그때 내 얘기를 들었으면 좋았을 텐데 그러지 않아서 시간을 많이 허비했다고 몇 번이나 후회하는 투로 말했다. '통제의 환상'에 빠져 스스로의 능력을 과대평가했고 딴 사람은 몰라도 자신만은 성공할 수 있다고 믿었지만 철저하게 실패한 것이다.

노후준비를 할 때 수익률은 당연히 중요하다. 수익률이 높을수록 노후자금을 더 빨리 만들거나 더 적은 돈으로 더 많이 만들 수 있다. 그렇지만 그것보다 더 중요한 것은 강제로 원금을 쌓아가야 하고 시간의 힘을 보태고 쉽게 손대지 못하게 별도로 묶어 놓아야 한다는 것이다. 그런 상황에서 수익률이 더해지면 노후준비가 가장 효과적이다. 노후준비를 하려면 반드시 금융상품이 필요하다. 세액공제가 되는 연금저축이나 비과세 복리가 되는 연금보험, 거기에 더해 펀드로 수익률을 높일 수 있는 변액연금, 여러 투자 상품을 담을 수 있는 IRP 등 뭐든 괜찮다. 자기 몸에 맞는 상품을 잘 선택하면 된다. 상품 가입보다 더 중요한 것은 지금 당장 시작하는 것이다. 인생에 있어서 가장 중요하지만 지금 당장 긴급하지 않기 때문에 급한 것부터 먼저 처리하려고 미루기만 하다가 준비 안 된 채 노후를 맞이하는 사람들을 매일 본다. '통제의 환상'에 휘둘려 스스로 모든 것을 통제할 수 있다고 과신하지 말고 통제하기 어려운 것은 국민연금과 같은 강제저축과 자동시스템을 믿고 맡겨라. 그러면 반드시 성공한다.

노후준비를 할 때 반드시 기억해야 할 점에 대해 몇 가지만 살펴보자.

첫째, 언제부터 본격적으로 노후자금이 필요한지 구체적인 시기를 예상해라.

둘째, 노후자금이 필요한 시기에 현재가치로 매월 얼마가 필요한지 구체화 시켜라. 꿈이 아니라 현실적인 목표를 세워라.

셋째, 노후준비를 할 여유는 늘 없다. 오늘 당장 소득의 10%로 시작하고 월급이 오를 때마다 인상분의 10%를 노후준비에 보태라.

넷째, 대부분 국민연금을 65세부터 받는다. 그 전에 소득이 끊길 때를 미리 대비하라.

다섯째, 노후준비는 공적연금, 퇴직연금, 개인연금, 이 3층 보장이 주축이고 주택과 현금은 덤이다.

여섯째, 노후자금을 잘 준비하려면 노후준비에 잘 맞는 금융상품을 골라라.

일곱째. 노후준비에는 다른 비법이 없다. 3 '더'를 기억하라. 더 긴 시간, 더 많은 금액, 더 높은 수익률.